DEUTSCHE WEINSTRASSE
WETTERAU & Vogelsberg
FRANKFURT und südliche Umgebung
RHEINGAU
TAUNUS-REGION
JUNG
en unter
Himmel
RESTAURANTS UND
EN SOMMER.
FREIZEIT-TIPPS
Mit zahlreichen Promi-Tipps!
JELINE VOGT
unter
nmel
URANTS UND
MMER
3. überarbeitete Auflage
B
VERLAG

GENIESSEN
UNTER FREIEM HIMMEL

Genießen unter freiem Himmel Rhein-Main

Die 152 schönsten
Restaurants und
Lokale für den Sommer

VERLAG

GENIESSEN UNTER FREIEM HIMMEL „RHEIN-MAIN", Norbert Rojan (Hrsg.)

Der Sammelband „Rhein-Main" setzt sich aus den persönlichen Empfehlungen der Autoren der Einzelbände in der Reihe „Genießen unter freiem Himmel" zusammen.

Autoren dieser Ausgabe sind: Sabine Fladung, Barbara Goerlich, Ursula Hundertmark, Georgia Lori, Sybille Nolte, Norbert Rojan, Petra Schaffarzik, Marion Schwarzmann, Renate & Ingo Swoboda, Jacqueline Vogt.

Alle Angaben zu Adresse, Öffnungszeiten, Telefon, Internet usw. wurden für diese Ausgabe überprüft und zum Stichtag aktualisiert. Für etwaige Fehler kann keine Haftung seitens des Verlages übernommen werden. Nachträgliche Änderungen obliegen den Lokalen und Restaurants.

Die Bildrechte entsprechen denen der Einzelausgaben mit Ausnahme Darmstadt, Hanau, Offenbach & Umgebung, Main-Taunus-Region und Taunus. Bei diesen liegen die Rechte beim B3 Verlag. Wir bedanken uns herzlich für das uns zur Verfügung gestellte Bildmaterial.

Layout und Satz: Fagott, Ffm; Umschlag: B3, Frankfurt am Main: Umschlagmotiv: B3 Verlag; Druck und Bindung: Holtz AG, Neudrossenfeld

ISBN 3-938783-45-0

Vorwort

NORBERT ROJAN

Es ist schwer, das Glück in uns zu finden, und es ist ganz unmöglich, es anderswo zu finden.

Nicolas Chamfort

Im Jahr 2005 startete der B3 Verlag die Buchreihe „Genießen unter freiem Himmel". In dieser Reihe sind seither 10 Bände zu unterschiedlichen, meist sehr eng begrenzten Regionen erschienen. Die Idee der Reihe, Lokale & Restaurants vorzustellen, die sich besonders für die schönste Jahreszeit eignen, hat großen Zuspruch gefunden. Einige Ausgaben liegen bereits in der zweiten oder dritten Auflage vor.
Ein Bestandteil dieser Idee war es, Betriebe ganz unterschiedlicher Couleur in einem Buch zu vereinen. So findet der Leser einen Biergarten oder eine Gutsschänke neben einem Gourmet-Restaurant, und beides hat im Sinne des Konzeptes darin seine Berechtigung.

Natürlich muss letztlich doch deutlich unterschieden werden. Dabei helfen zunächst die verschiedenen Kategorien. In unserer Gesamtausgabe „Rhein-Main" sind dies fünf: Gut & Bürgerlich, Regional & Original, Kind & Kegel, Szene & Trend, Edel & Fein. Auf diese Weise sind die Betriebe in ihrer kulinarischen Ausrichtung zu erkennen.
Darüber hinaus werden die einzelnen Lokale nach ihrer Küche, nach ihrem Preisniveau und nach dem

Ambiente bewertet. Küche meint das kulinarische Angebot, Preis bewertet das Preis-Leistungsverhältnis, Ambiente bestimmt den „Grünfaktor", d.h. in wieweit wirklich eine Oase für den Gast geschaffen wurde und nicht nur einige Tische und Stühle im Freien stehen. Die höchste Note sind drei volle Punkte.
Ein letzter wesentlicher Bestandteil der Reihe ist ihre absolute Unabhängigkeit von irgendwelchen wirtschaftlichen Interessen seitens der Gastronomie und deren Zulieferern. Keine gekauften Seiten, keine externen PR-Beiträge, keine Anzeigen und auch keinerlei indirekte Einflussnahme beeinträchtigen den Blick der Autoren. Dieser ist sicherlich subjektiv und dem Gusto des Einzelnen verbunden. Umgekehrt jedoch suchen wir unsere Autoren gezielt in den jeweiligen Regionen und nach ihrer journalistischen Qualifikation aus, um dem Leser eine möglichst authentische Beschreibung des Betriebes und seines Umfeldes zu gewährleisten.

Für unseren Sammelband „Rhein-Main" wurden aus den bestehenden Einzelbänden die persönlichen Empfehlungen der Autoren zusammengetragen. Eventuelle regionale Lücken, die noch nicht durch einen Band der Reihe abgedeckt waren, wurden vom Verlag bearbeitet und aufgefüllt. Dazu haben wir uns einer Vielzahl unterschiedlichster Quellen bedient um die tatsächlich schönsten Plätze für den Sommer zu finden. Selbstverständlich waren wir überall auch vor Ort.
Herausgekommen ist nun ein Restaurantführer, der für jeden Anlass und für jeden Geschmack etwas Passendes bietet. Er zeigt auch, wie vielfältig die gastronomische Landschaft zwischen Mainz und Wetterau, Odenwald und Gießen ist. Ob in den Metropolen, den Klein- und Mittelstädten oder in den Dörfern – überall lässt sich ein besonders attraktiver Ort für den Genuss unter freiem Himmel entdecken.
Wenn Sie sich in eine Region besonders verliebt haben sollten, steht Ihnen die Einzelausgabe mit annähernd je 80 Empfehlungen zur Verfügung.

Nun aber viel Spaß bei Ihrer ganz persönlichen kulinarischen Reise durch das Rhein-Main-Gebiet.

Norbert Rojan

KAPITEL 1

Darmstadt & Umgebung

Mühlstein

BENSHEIM

ELSASS
AN DER BERGSTRASSE

EDEL & FEIN | KÜCHE | PREISNIVEAU | AMBIENTE

„Jemand einladen heißt die Sorge für sein Glück auf sich nehmen, solange er unter unserem Dache weilt." Getreu dem Motto des französischen Schriftstellers und Gastrosophen Brillat-Savarin kümmern sich die Familien Albracht und Rettig sehr aufmerksam um ihre Gäste. Hinter dem imposanten Torbogen des ehemaligen Bauernhofs findet man auf mehreren Ebenen gemütliche Plätze, umgeben von Steinfiguren und Pflanzen, die aus Sandsteintrögen wuchern. Das alte Gemäuer im Hintergrund ist die passende Kulisse für sommerliche Gaumenfreuden. Dies ist kein Ort für eine schnelle Mahlzeit zwischendurch, hier sollte man sich ausreichend Zeit lassen, um das jahreszeitlich wechselnde „Mühlstein-Menü" zu genießen: Mini-Ofenkartoffeln mit Sauerrahm und Malossol-Kaviar zur Vorspeise, dann ein Süppchen von zweierlei Linsen und als Hauptgang entweder Medaillons vom Schweinefilet unter Tomaten-Oliven-Kruste oder Yellowfin-Thunfisch an Zitronengras-Wodka-Schaum. Den Abschluss der Köstlichkeiten bildet die mit Walnusseis verfeinerte Birnentarte. Für Vegetarier gibt es frische Pfifferlinge mit Kräuterrahm oder Marktgemüse mit Champignons und einer heißen Ofenkartoffel. Dazu offeriert der „Mühlstein" ein vielfältiges Angebot von Spitzenweinen aus aller Welt – gute einheimische Tropfen natürlich inklusive.

MÜHLSTEIN
FRIEDHOFSTRASSE 101
64625 BENSHEIM

TEL. 06251 936690
FAX 06251 64377

MO-SA AB 17.30 UHR
SO AB 11.30 UHR

WWW.MUEHLSTEIN-BENSHEIM.DE

GUTE TROPFEN
VOR HISTORISCHER KULISSE

Biergarten

DARMSTADT

HIER
IS' WAS LOS

KIND & KEGEL | KÜCHE | PREISNIVEAU | AMBIENTE

Mit den ersten Sonnenstrahlen wird hier die Freiluftsaison eröffnet. Der Darmstädter Biergarten, der auch heute noch einfach der „Biergarten" heißt, hat bereits seit über 30 Jahren seinen Platz auf dem Gelände der ehemaligen Wiener-Kronen-Brauerei. Bei den Darmstädtern, die bereits als Schüler dort ihr erstes Bier zu sich genommen haben, genießt der „Biergarten" Kultstatus. Hier gelten keine Szene-Regeln – jeder ist willkommen, ohne Ansehen von Kleidung, Alter oder Status. Zwar sind auch hier mittlerweile ein paar moderne Accessoires, wie die Cocktailbar oder auch ab und an die Großbildleinwand für Sportübertragungen hinzugekommen – der gemütlichen Atmosphäre unter alten Kastanienbäumen tut das jedoch keinen Abbruch. Auch die Preise sind vergleichsweise moderat geblieben. So zahlt man für das große Pils 2,50 Euro, einen halben Liter Apfelsaftschorle gibt's für den gleichen Preis. Auch das Kulinarische kommt nicht zu kurz: Standardgerichte wie Frikadellenweck, Rindswurstweck oder Gemüsespieß und Ofenkartoffeln mit frischem Kräuterquark gibt's zu kundenfreundlichen Preisen von noch unter fünf Euro. So lassen sich bei frisch gezapftem Bier und leckeren kleinen Speisen die lauen Sommerabende genießen und die Kinder können sich derweil auf dem Abenteuerspielplatz nebenan austoben.

BIERGARTEN
DIEBURGER STRASSE 97
64287 DARMSTADT

TEL. 06151 43855

BEI GUTEM WETTER
TÄGLICH 11-23 UHR

WWW.BIERGARTEN-DARMSTADT.DE

SPANNENDE
KATAKOMBENFÜHRUNGEN

Bayerischer Biergarten

DARMSTADT

LEBEN WIE DIE BAYERN IN HESSEN

KIND & KEGEL | KÜCHE | PREISNIVEAU | AMBIENTE

Im schönsten und sicher auch größten Biergarten der Region können 1300 Gäste unter 100 alten Kastanien sitzen, auf gemütlicher Biergartenbestuhlung mit echten Stühlen statt Bänken. Alles ist unterteilt in Selbstbedienungs- und Servicebereich. Vorteil: Die „Selbstversorger" dürfen in gut bayerischer Tradition auch eine mitgebrachte Vesper verspeisen. Das wäre allerdings schade, denn kulinarisch geht es hier die bayerische Schmankerl-Küche rauf und runter, mit Deftigem vom Schwein, mit und ohne Knödel, Kraut oder Salat. Es fehlen weder Tafelspitz, noch „Obazda", Schmalzbrot, Weißwürste, Brez'n oder „Radis" (Rettich). Dazu passt eine ordentlich eingeschenkte „Maß" Bier oder ein Radler. Aktuelle Sport-Ereignisse (Formel I oder Fußball) werden „live" auf einer Großbildleinwand (4 x 3 Meter) übertragen. Sollte das Wetter schlecht sein, findet der Biergarten im Saale statt: Der Festsaal ist 500 qm groß. Die holzgetäfelten Gaststuben im Inneren versprechen auch im Winter bayerische Gemütlichkeit, bei gutbürgerlicher Küche und flinkem Service. Kinder haben im eingezäunten Areal viel Auslauf und einen eigenen Spielplatz, außerdem können sie die Tiere im hauseigenen Kleintiergehege bestaunen. Auch ein Wickelraum fehlt nicht.

BAYERISCHER BIERGARTEN
GASTHAUS ZUM SCHEINHEIL'GEN
KASTANIENALLEE 4

64289 DARMSTADT-BÜRGERPARK
TEL. 06151 711163, FAX 782161

MO-SO 11-23 UHR
(IM SOMMER)

WWW.BAYERISCHER-BIERGARTEN.DE

MIT ALLEM
DRUM UND DRAN

Forsthaus zum Kalkofen

DARMSTADT

NATUR
PUR

KIND & KEGEL | KÜCHE | PREISNIVEAU | AMBIENTE

Die Kinder haben Spaß, die Eltern können in Ruhe einen Kaffee trinken – und das alles an der frischen Luft: im Biergarten im ehemaligen Forsthaus Kalkofen bei Darmstadt-Arheiligen. Der Name „Kalkofen" erinnert daran, dass in der Nähe einst eine Kalkgrube war, in der die Baustoffe für die Darmstädter Schlösser gewonnen wurden. Seit 1982 betreibt die Familie Bausch hier den Biergarten. Die Tische und Bänke, die Platz für rund 450 Gäste bieten, sind nicht in Reih und Glied angeordnet, sondern rund um einen idyllischen kleinen Teich samt Papageien-Voliere. Da zwitschern und plappern Aras, Graupapageien und Amazonen. Hühner und zahlreiche Pfaue laufen frei herum, in einem Freigehege können ein Esel, ein weißer Hirsch und weiteres Damwild gefüttert werden. Außerdem bietet ein Spielplatz Kindern Abwechslung. Die Imbisse, die man sich in Selbstbedienung am Tresen holt, sind weniger exotisch als die Umgebung: Da gibt es Steaks, Brat- und Rindswürste, hausgemachte Frikadellen, Zaziki und diverse Brotzeitteller, dazu Pils, Hefeweizen und Apfelwein vom Fass – und das alles zu sehr zivilen Preisen. Der Biergarten Kalkofen liegt ein Stück außerhalb Darmstadts, direkt am Waldrand – ein anschließender Spaziergang bietet sich also an. Das Lokal ist mit dem Auto, aber auch mit dem Fahrrad gut erreichbar.

FORSTHAUS ZUM KALKOFEN
KALKOFENWEG 90
64291 DARMSTADT
TEL. 06151 371480

MO-FR 15-1 UHR
SA 12.30-1 UHR
SO 9.30 BIS 1 UHR

WWW.BIERGARTEN-KALKOFEN.DE

Fürstenbahnhof

DARMSTADT

DIE RIESENGROSSE STADTTERRASSE

EDEL & FEIN | KÜCHE | PREISNIVEAU | AMBIENTE

Einst warteten hier der Zar von Russland und andere hohe Herrschaften auf ihre Züge. Heutzutage wird der Fürstenbahnhof nicht mehr als nobler Wartesaal benutzt, sondern ist beliebte Station für alle, die gutes Essen und ein schönes Ambiente zu schätzen wissen. An warmen Sommerabenden finden bis zu 250 Gäste auf der Terrasse Platz.

Zwar sitzt man auf den Klappstühlen nicht so bequem wie in der Lounge oder im Fürstensaal, dafür blickt man auf den Brunnen und die prächtigen Fassaden des alten Bahnhofs. Der Örtlichkeit angemessen, zeigt sich die Küche international: Sowohl mediterrane Gerichte wie gefüllte Gnocchi als auch der griechische Antipasti-Teller stehen auf der Speisekarte. Spezialitäten wie Gambas vom Grill oder Lammcarree unter Ingwer-Honig-Kruste sollte man probieren. Auch die Getränkekarte lässt keine Wünsche offen. Unter anderem wird aus dem gut gefüllten Weinkeller ein 1996er Château De Chantegrive oder ein 2001er Septima Cabernet Sauvignon, aus Argentinien oder ein 2002er Lorcher Pfaffenwies Riesling Spätlese ausgeschenkt. Auch Bierfreunde kommen auf ihre Kosten: Sie können zwischen Bitburger Pils, Köstritzer Schwarzbier oder einem Franziskaner Weizen wählen. Der „Fürstenbahnhof" wurde zu recht vom „Feinschmecker" als eines der 250 besten Businesslunchrestaurants ausgezeichnet.

FÜRSTENBAHNHOF
AM FÜRSTENBAHNHOF 3-4
64293 DARMSTADT

TEL. 06151 667270
FAX 06151 6672722

MO-DO 18-0 UHR, FR-SA 18-1 UHR
SO RUHETAG

WWW.FUERSTENBAHNHOF.DE

SEHENSWERTES
JUGENDSTIL-INTERIEUR

Grohe Brauereiausschank

DARMSTADT

HIMMLISCH SELBSTGEBRAUTES

GUT & BÜRGERLICH

KÜCHE

PREISNIVEAU

AMBIENTE

Seit Generationen ist der „Grohe“ ein beliebter Treffpunkt für Stammgäste, aber auch für Zufallskundschaft aller Art. Die Schüler des gegenüberliegenden Gymnasiums verbringen hier gerne mal eine selbstverordnete Freistunde und auch Vertreter anderer Professionen finden immer wieder eine Stunde Zeit, um ein Glas Selbstgebrautes zu sich zu nehmen. Sie schätzen sowohl die einzigartige Atmosphäre des Biergartens direkt neben dem Braukessel als auch das selbstgebraute Bier. Die traditionsreiche Firma Grohe wurde zwar mittlerweile vom lokalen Konkurrenten, der Darmstädter Privatbrauerei, übernommen, das besondere Flair ist jedoch erhalten geblieben. Die Preise sind – auch für den kleinen Geldbeutel – erschwinglich. So bezahlt man für das große helle „Grohe“ 2,60 Euro, die üppige Brauerplatte für 4-7 Personen kostet 44 Euro. Sehr beliebt ist auch die „Odenwälder Schusterpfanne“ für 7,40 Euro: Bratkartoffeln und Hackfleisch mit Käse überbacken, umgeben von einer scharfen Soße, die den möglicherweise erlahmenden Bierdurst aufs Neue anfeuert. Man fragt sich allerdings, wie das allein schon sättigende Bier sich mit diesen stattlichen Portionen verträgt. Dass diese Gaststube das Herz Darmstadts ist, mag bestimmt manch Einheimischer sagen. Eher noch würde man sie mit dem Bauch vergleichen – und zwar mit einem großen.

GROHE BRAUEREIAUSSCHANK
NIEDER-RAMSTÄDTER STRASSE 3
64283 DARMSTADT

TEL. 06151 425255

MO-SA 10-24 UHR
SO 17-24

WWW.GROHE-GASTRO.DE

TREFFPUNKT FÜR JUNG UND ALT

Jagdschloss-Schänke

DARMSTADT-KRANICHSTEIN

SPEISEN
WIE DIE LANDGRAFEN

KIND & KEGEL | KÜCHE | PREISNIVEAU | AMBIENTE

Vorbei an den tristen Hochhauskulissen der Trabantenstadt Neu-Kranichstein führt der Weg zum Jagdschloss Kranichstein und entführt direkt in eine andere Zeit: In der einstigen Sommerresidenz der Darmstädter Großherzöge befindet sich seit 1992 ein Hotelrestaurant mit vornehmer Atmosphäre. Dieses Restaurant mit herrlicher Gartenterrasse, von der aus man die Blumenpracht und die spielenden Kinder im Blick hat, bietet Küche und Weine aus der Region. Wildgerichte, wie ein Sauerbraten von der Hirschkalbskeule oder Kaninchensülze mit Grüner Soße, dürfen in einem Jagdschloss nicht fehlen. Auf der Speisekarte findet man aber auch Vegetarisches und für die Kinder Schnitzel, Pommes und Nudeln. Wer sich sonntags nicht zwischen Frühstück und Mittagessen entscheiden kann, kommt zum ausgiebigen Brunch. Das üppige Buffet bietet alles, was das Genießerherz begehrt: Von Salaten über Pasteten und Bratenschnitten bis hin zu Fischplatten wird alles aufgetischt. Manch ein Gast kommt gerne nachmittags – nach einem Spaziergang um den nahe gelegenen Backhausteich zurück auf die sonnige Terrasse. Unter dem Motto „Unbegrenzter Kaffeeklatsch und bodenlose (der Kaffee wird nach Belieben nachgeschenkt) Kaffeetasse" gibt es von 15-18 Uhr zum Preis von 4,50 Euro ein Stück Kuchen aus der eigenen Konditorei und Kaffee oder Tee.

JAGDSCHLOSS-SCHÄNKE
IM KAVALIERSBAU
KRANICHSTEINER STRASSE 261
64289 DARMSTADT
TEL. 06151 97790, FAX 06151 977920

DI-SA 12-19 UHR, SO 11-18 UHR
(BRUNCH 11-14 UHR)
MO RUHETAG

WWW.JAGDSCHLOSS-KRANICHSTEIN.DE

SONNTAGSBRUNCH

Oberwaldhaus

DARMSTADT

WALD, WEIHER UND WIESE

REGIONAL & ORIGINAL | KÜCHE | PREISNIVEAU | AMBIENTE

„Alle Feiertage ausgebucht", erzählt der Kellner der Familie am Nachbartisch. Der Wirt des „Oberwaldhauses" hat gut lachen, denn sein Lokal geht, wie der Volksmund sagt, wie die Feuerwehr. Schöne Lage, gutbürgerliche, vorwiegend fleischlastige Küche (üppige Portionen) zu gemäßigten Preisen und ein ungewöhnlich freundliches Personal auch bei größtem Trubel sind wohl die Gründe dafür. Das „Oberwaldhaus" steht zwischen Darmstadt und Dieburg am Steinbrücker Teich. Auf dem kann man Tretboot fahren und rudern, auf den Wiesen schlagen Pärchen und Familien ihre Deckenlager auf, während die Jogger an ihnen vorbeilaufen. Für Kinder ist ein Spielplatz da, und sie können auf Ponys reiten. Einkehren kann man zum Beispiel auf der Wiese vor dem Gasthof. Dort stehen blau gestrichene Biergarnituren auf dem Gras und ein Kiosk bietet Überlebensnotwendiges an. Das ist schon sehr nett, aber noch schöner ist es auf der gepflegten, weitläufigen Terrasse an der Rückfront des Gebäudes, von der man in vielfach schattiertes Grün guckt. Innen ist das Restaurant mit Balken und Nischen unterteilt; die hohen, bemalten Wände lassen keine Enge-Gefühle aufkommen. Die Speisekarte ist so umfangreich, wie ein solcher Ort vermuten lässt, die Küche geizt mit Sahne nicht. Spezialitäten: die „Chef-Pfanne" mit Medaillons von Schwein und Rind mit Rahmsoße, Bratkartoffeln und Salat, außerdem gibt es Tagesempfehlungen und auf Wunsch alles auch eine Nummer kleiner.

GASTHAUS OBERWALDHAUS
DIEBURGER STRASSE 257
64287 DARMSTADT
(AM STEINBRÜCKER TEICH)

TEL. 06151 712266
FAX 06151 781996
TÄGLICH 11-24 UHR

AUSFLUGSZIEL
FÜR FAMILIEN

Orangerie

DARMSTADT

EINDEUTIG
EIN LUXUSAMBIENTE

EDEL & FEIN | KÜCHE | PREISNIVEAU | AMBIENTE

Edel sind in der Darmstädter „Orangerie" nicht nur die Speisen, sondern auch das Ambiente. Mit Orlando Carroccia hat sich hier ein Spitzengastronom niedergelassen, dessen Restaurant vom Gault Millau mit 14 von möglichen 20 Punkten gewürdigt wurde. Die Kellner tragen, passend zur Lokalität, orangefarbene Krawatten, die meisten Gäste sind fein gekleidet. Während in dem großen Saal des „Orangerie"-Anbaus gediegene Ruhe herrscht, geht es im Garten locker zu. Unter den Blättern großer Laubbäume finden etwa 120 Freiluftfreunde Platz. Die Küche ist international mit italienischem Einschlag. Um Appetit zu machen, sei auf das viergängige Menü Nr. 1 (45 Euro) verwiesen: Auf den „Dialog von Wildlachs und Tobiko-Kaviar" folgt die Ravello-Maronen-Samtsuppe mit Trüffel-Gnocchi, das Hauptgericht ist ein Weidekalbsrücken unter der Parmesankruste, zum Nachtisch gibt es Tiramisu an Rumtopfeis. Mitunter werden die Besucher akustisch unterhalten. Im Sommer 2006 versetzte der kubanische Sänger Pipo Hernandez (bekannt aus „Buena Vista Social Club") die Gäste in eine karibische Idylle.

RISTORANTE ORANGERIE
BESSUNGER STRASSE 44
64285 DARMSTADT

TEL. 06151 3966446
FAX 06151 3966447

TÄGLICH 12-14 UHR
UND 18.30-23 UHR

WWW.ORANGERIE-DARMSTADT.DE

Tipp: Bert Rürup, TU-Professor und Ex-Wirtschaftsweiser

Petri

DARMSTADT

GRÜNE OASE
DES MARTINSVIERTELS

REGIONAL & ORIGINAL | KÜCHE | PREISNIVEAU | AMBIENTE

Eigentlich würde man ein Schweineviertel nicht gerade zu den präferierten Wohngebieten der Stadt zählen. In Darmstadt ist das anders. Das Martinsviertel, von den Einheimischen nur „Watzeverdel" genannt, ist der wohl urtümlichste Teil der Stadt. Sein Name bezieht sich auf die Eber, die in dem bäuerlich geprägten Viertel noch im 19. Jahrhundert oft anzutreffen waren. Und auch bei der Martinskerb wird jedes Jahr feierlich ein Plastikschwein durch die Gassen geführt. Eines der traditionsreichsten Lokale im Watzeverdel ist das „Petri", in dem es Leckereien wie Rindswurst und Flammkuchen gibt und Wildschwein-Bratwürste und Kochkäs-Schnitzel. Das Essen ist hier jedoch nicht das Wichtigste. Hierher kommt man auch einfach nur auf ein Bier oder einen Apfelwein, zum Kartenspielen oder zum Musikhören. Livemusik gehört ebenso zum Programm wie wechselnde Ausstellungen verschiedener Künstler. Das „Petri" ist eine dieser Stadtteilkneipen, in denen sich Alteingesessene ebenso wohlfühlen wie Zugezogene. Und der Eigenwerbung, den wohl schönsten Biergarten des Viertels zu betreiben, kann man bedenkenlos zustimmen. Die großen Bäume spenden Schatten, der Efeu rankt an den Hauswänden empor. An warmen Tagen herrscht Hochbetrieb. Aber an den langen Biertischen ist dennoch fast immer ein freies Plätzchen zu finden.

PETRI
ARHEILGER STRASSE 50
64289 DARMSTADT

TEL. 06151 9710430

TÄGLICH 18-24 UHR

WWW.PETRI-BAR.DE

KNEIPE UND
KULTUR

Radieschen

DARMSTADT

NICHT NUR
FÜR VEGETARIER

SZENE & TREND | KÜCHE | PREISNIVEAU | AMBIENTE

Das „Radieschen" wurde 1983 auf der Nordseeinsel Wangerooge gegründet und ist 1996 nach Darmstadt-Eberstadt gezogen. Norbert Walter, der Besitzer erinnert sich an seine prominentesten Gäste, damals noch auf Wangerooge: Als Gerhard Schröder noch Ministerpräsident in Niedersachsen war, hatte ihn Hillu zu einem Besuch in dem für seine vegetarische Küche bekannten Lokal überredet: „Gemüse hat er nicht gegessen, aber immerhin hatten wir ja Spaghetti." Dogmatische Vegetarier fühlen sich im „Radieschen" allerdings nicht sehr wohl: „Wir sind denen wohl nicht streng genug, wir gehen nicht zum Lachen in den Keller, bei uns gibt es auch keinen Löwenzahnwurzelsaft. Wir verstehen Essen und Trinken als Genuss und Ausdruck von Lebensfreude", sagt Norbert Walter. Ob Kartoffelgratin Dauphinois in gewürzter Knoblauchsahne und hausgemachtem Pesto (9,90 Euro), das Indische Möhrencurry mit Kokos-Feigen-Chutney (10,90 Euro) oder Spaghettis préférés du padron mit Gorgonzolasahne, Chili und Honig (11,90 Euro): Der Genuss steht im Vordergrund. Auf der sonnigen Gartenterrasse lassen sich die natürlichen Zutaten der Gerichte in frischer Luft perfekt genießen.

RADIESCHEN
REUTERALLEE 37
64297 DARMSTADT-EBERSTADT

TEL. 06151 943446
FAX 06151 943447

TÄGLICH 12-14.30 UND 18-24 UHR
SAMSTAGMITTAG GESCHLOSSEN

WWW.RADIESCHEN-DARMSTADT.DE

ALLES
BIO

Ein Tipp von Irith Gabriely, Musikerin

Restaurant Sitte

DARMSTADT

DARMSTÄDTER ERLEBNISWOCHEN

GUT & BÜRGERLICH | KÜCHE | PREISNIVEAU | AMBIENTE

Hier im Brauereiausschank der regionalen Pfungstädter Brauerei kleiden sich die Kellner auch mal nach Wildwestmanier mit schwarzen Lederhüten und Pistolenhalftern. Auf der Karte stehen statt Eisbein und Schnitzel feurige mexikanische Kreationen. So hat die Erlebnisgastronomie im Darmstädter Traditionsrestaurant „Sitte" Einzug gehalten. Regelmäßig finden „Erlebniswochen" mit Aktionsspeisekarten und passenden Dekorationen statt – mal amerikanisch, mal mediterran. Selbstverständlich gibt es auch die südhessische Erlebniswoche mit saisonalen Spargelspezialitäten. Das am Cityring gelegene gutbürgerliche Lokal hat an der Rückfront einen erstaunlich ruhigen Hofbereich, in dem man genüsslich speisen kann. Für grüne Akzente sorgen Kastanien und Rankepflanzen. Traditionalisten bekommen hier natürlich auch noch Gerichte, die so oder so ähnlich schon vor 130 Jahren, als Franz Sitte das Lokal führte, die Gäste erfreuten. Die meisten Besucher erwarten heute allerdings mehr Raffinesse und werden durch Entenbrust mit Orangensoße oder auch Rigatoni mit Lammfiletstreifen und Champignons zufriedengestellt. Besonders sonntags lohnt sich ein Besuch. Dann wird im Biergarten gegrillt, zu den Grillspezialitäten werden frische Salate gereicht. Die Aktion „All You Can Eat" zum Pauschalpreis von 15 Euro.

RESTAURANT SITTE
KARLSTRASSE 15
64283 DARMSTADT
TEL. 06151 22222

TÄGLICH 11.30-1 UHR

WWW.RESTAURANT-SITTE.DE

SONNTÄGLICHES GRILLVERGNÜGEN

Waldgaststätte Alt-Lechtern

FÜRTH

ODENWÄLDER SPEZIALITÄTEN

GUT & BÜRGERLICH

KÜCHE

PREISNIVEAU

AMBIENTE

Alt-Lechtern wurde in früherer Zeit als eine „Siedlung ohne Dorfcharakter im Granitgebirge" beschrieben. Hier erbaute 1725 Hans Adam Zeiß zusammen mit seiner Frau Margarete eine Scheuer – daraus wurde das heute noch stehende Wohnhaus des Hofes. Es braucht seine Zeit, um von Fürth aus auf verschlungenen Pfaden – die erfreulicherweise gut beschildert sind – zu dem auf einer weiten Lichtung liegenden Gehöft zu finden. Im Odenwald gab es früher viele solcher winzigen Siedlungen, die aus wirtschaftlichen Gründen aufgegeben wurden und dann von der Landkarte verschwunden sind. Alt-Lechtern aber blieb zum Glück erhalten und ist auf jede Art gut zu erreichen. Gerade wenn man zu Fuß oder mit dem Fahrrad unterwegs ist, freut man sich auf die Stärkung mit einem kräftigen Schluck Schmucker-Pils, dem Odenwälder Lokalbier. Alternativ kann es natürlich auch ein Glas des hausgemachten Apfelweins sein, das es hier schon für 1,20 Euro gibt. Auf der Speisekarte stehen bodenständige Gerichte: Rumpsteak-Variationen (mit Kräuterbutter oder Zwiebeln), Schnitzel paniert oder Jägerschnitzel, Hacksteak, auch der für die Region typische Kochkäse dürfen nicht fehlen. Allerdings bekommt man auch Ungewöhnliches wie Springbock und Krokodil geboten. Gemütlich sitzt man vor dem urigen Fachwerkbau oder auf einer überdachten Terrasse und lässt beim Blick auf die umliegenden grünen Weiden die Entspannung suchende Seele baumeln.

WALDGASTSTÄTTE
ALT-LECHTERN
64658 FÜRTH

TEL. 06253 3150
FAX 06253 4525

MI-SO 11-22 UHR
MO UND DI RUHETAGE

WWW.ALTLECHTERN.DE

IM NATURPARK
BERGSTRASSE-ODENWALD

Anglerpark

GRÄFENHAUSEN

DIE FRISCHESTEN FORELLEN

KIND & KEGEL | KÜCHE | PREISNIVEAU | AMBIENTE

Von den vielen großen und kleinen Baggerseen in Südhessen dürfen nur ganz wenige öffentlich genutzt werden. Die meisten sind Pachtgewässer von Angelvereinen, die lieber ihre Ruhe haben, als ihren See zum Grillen, Baden, Spielen oder Bötchenfahren zur Verfügung zu stellen. Hier am „Anglerpark" gilt das erfreulicherweise nicht. Er steht allen Besuchern offen. Hobbyangler können hier sogar gegen eine Gebühr selber die Rute auswerfen und für ihre Verpflegung sorgen. Der Fang wird dann nach Gewicht berechnet – für ein Kilo Regenbogenforelle zahlt man 8,50 Euro. Genauso viel kostet die „Fangfrische, gebratene Forelle mit Petersilienkartoffeln, Kräuterbutter und Salat", die auf der Speisekarte angeboten wird. Den „Anglerpark" betreibt ein Großmetzger, was ja einer gewissen Ironie nicht entbehrt. Aber darum stehen auf der Speisekarte auch Brat- und Fleischwürste, Schweinshaxe und Schnitzel. Für Kinder gibt es Fischstäbchen oder Spaghetti Bolognese – oder auch „schnelles Fischlein": ein leerer Teller, den die kleinen Gäste mit vom Teller der Eltern Gestibitztem füllen. Sowieso ist der „Anglerpark" im Sommer ein Familienparadies. Zwar kann man nicht baden, aber es gibt Spielplätze und einen Streichelzoo, wo sich die Kinder austoben können, während die Eltern gemütlich an den Biertischen sitzen und den Anglern zuschauen.

ANGLERPARK
TRIFTWEG 32
64331 WEITERSTADT-GRÄFENHAUSEN
TEL. 06150 51000

TÄGLICH 11-22 UHR

WWW.ZUM-ANGLERPARK.DE

STREICHELZOO
UND ANGELTEICH

Restaurant Amador

LANGEN

IM LANGENER STERNENHIMMEL

EDEL & FEIN | KÜCHE | PREISNIVEAU | AMBIENTE

Seit Anfang 2004 steht Sternekoch Juan Amador am eigenen Herd in Langen und zündet dort in einem verwinkelten Fachwerkhaus ein Feuerwerk origineller Kreationen mit zahllosen optischen und geschmacklichen Gags. Der in Schwaben geborene Sohn andalusischer Eltern ist ein emsiger Tüftler, Spezialist für Edel-Tapas und andere kulinarische Miniaturen. Auf Schiefertafeln hübsch in Szene gesetzt, beginnt das Menü der Lustbarkeiten mit dem „Amador"-typischen Spiel der Aromen, Texturen und Temperaturen. Kühn und fantasievoll setzt er den Gästen eine Überraschung nach der anderen vor. Restaurantleiterin Viktoria Amador übernimmt als Reiseführerin die Tour durch die Amador'sche Aromenwelt; sie hat einiges zu erklären. So ist das „Holzkohleöl", das der Meister zu Pata Negra mit Erbsen und Minze kredenzt, ein Öl, „in das ein Stück glühende Kohle geworfen wurde", was ihm den typischen Grillgeschmack verleiht. Das Menü (7 Gänge) kann auch in Teilen bestellt werden. Tapas und Lolli-Friandises (in der Karte „nuestras locuras") gehören immer dazu. Die zum Menü empfohlene „Weinbegleitung" umfasst sechs Vorschläge, die einzeln (bis 10 Euro für 0,1 Liter) oder als Weinmenü zu bestellen sind. 30 Gäste haben auf der lauschigen Lavendel-Terrasse vor dem Fachwerkhaus Platz. Abstriche ans Garten-Ambiente kann und will man sich in dieser Ess-Klasse nicht erlauben. Deshalb werden Open-Air-Gäste so aufmerksam betreut und bekocht wie in den schlicht-eleganten Gasträumen.

RESTAURANT AMADOR
VIERHÄUSERGASSE 1
63225 LANGEN

TEL. 06103 502713
FAX 06103 502714

DI-SA AB 19 UHR
SO UND MO RUHETAGE

WWW.RESTAURANT-AMADOR.DE

TEUER, UND
EINFACH TOLL

Scheuer im Mühltal

LANGEN

EIN WIENER
IM HESSISCHEN MÜHLTAL

KIND & KEGEL | KÜCHE | PREISNIVEAU | AMBIENTE

Damit eine urige Wirtschaft mit großem Gastgarten mitten im Grünen entstehen konnte, hat die Stadt Langen sich vor Jahren nicht lumpen lassen und aus einem Fachwerkgebäude aufwendig die heutige „Scheuer" restauriert. Im Winter herrscht Skihütten-Gemütlichkeit, im Sommer zieht das riesige Gartenlokal mit dem zusammengewürfelten Mobiliar im grünen Langener Mühltal Wanderer, Radler, Ausflügler oder einfach nur Hungrige an. Der Wirt hat als waschechter Wiener eine spezielle Wiener Melange aus Heurigem und Apfelweinwirtschaft realisiert. Nur die Getränke werden am Tisch serviert und abkassiert. Das Essen – von Handkäs' bis Apfelstrudel – holt sich jeder selbst am Buffet. Dort gibt's Bodenständiges, das zur Preisfindung abgewogen wird. Gefüllte Paprika, Leberkäse, Haxen, Frikadellen und allerlei Beilagen liegen zum Abholen bereit. Aufwendigere Gerichte werden frisch zubereitet. Jeden Mittwoch ist Schnitzeltag, sonntags von 12 Uhr an gibt es ein Heurigen-Brunch-Buffet. Erfahrungsgemäß sind die Plätze an Tischen und Stühlen zuerst besetzt; wer zu spät kommt, sitzt an Apfelweingarnituren. Den Blick ins Mühltal hat man jedoch von jedem Platz aus. Spaziergänger und Fahrradfahrer tummeln sich hier in Scharen. Hunde sind willkommen, Kinder auch. Ein Spielplatz ist vorhanden. Das bei den Kindern begehrteste Schaukelpferd wippt jedoch nur gegen bare Münze.

SCHEUER IM MÜHLTAL
AUSSERHALB 12
63225 LANGEN (MÜHLTAL)

TEL. 06103 928888
FAX 06103 53655

MO-SA 15-24 UHR
SO UND FEIERTAGE 11-24 UHR

WWW.MERZENMUEHLE.DE

PARADIES FÜR AUSFLÜGLER

Treuschs Schwanen

REICHELSHEIM

DIE TERRASSE
ALS TERRASSE

GUT & BÜRGERLICH | KÜCHE | PREISNIVEAU | AMBIENTE

Um Ehrlich zu sein muss man sagen, dass Armin Treusch gleich zwei Lokale unter einem Dach in Reichelsheim betreibt. Das rustikale Odenwald-Gasthaus „Johanns-Stube" und gleich nebenan das Genießer-Restaurant „Treuschs Schwanen". Im ersten (hier gibt es keinen Ruhetag und auch einen Mittagstisch) erwarten den Gast rustikal, deftige, regionale Speisen, kombinierbar mit hauseigenen Apfelweinen. Im zweiten, dem neu gestalteten „Schwanen", wird eine gehobene Crossover-Küche gepflegt, die mediterrane Gerichte mit heimischen Produkten kombiniert. Dazu passen ausgezeichnet die Weine von der nahe gelegenen Hessischen Bergstrasse, die im neu gestalteten und begehbaren Weinkabinett ausgesucht werden können. Die Karte empfiehlt auch entsprechende und verlässliche Kombinationen.

Abends finden dann beide Seiten des Hauses auf der Terrasse mehr oder minder zusammen. Unter den uralten Kastanien und neben dem Kräutergarten wird aufgetragen, wonach dem Gast gerade der Sinn steht. Das ist Crossover nochmals auf eine ganz eigene Art. Die Terrasse ist zudem wirklich eine Terrasse, da sie auf mehreren Stufen angelegt ist.

TREUSCHS SCHWANEN
RATHAUSPLATZ 7
64385 REICHELSHEIM

TEL. 06164 2226
FAX 06164 809

MI-FR AB 18, SA U. SO AB 11.30 UHR
MO UND DI RUHETAGE

WWW.TREUSCHS-SCHWANEN.COM

SPAGAT ZWISCHEN
SCHLICHT UND AUFWENDIG

Forsthaus Kühkopf

RIEDSTADT-ERFELDEN

MITTEN IM
HESSISCHEN RIED

KIND & KEGEL | KÜCHE | PREISNIVEAU | AMBIENTE

Das „Forsthaus Kühkopf" liegt im hessischen Ried am nördlichen Rand des Odenwalds. Hierher kommt man nur zu Fuß oder mit dem Rad. So kann man erst einmal seine Kondition verbessern, bevor mit gutem Gewissen ausgiebig gespeist wird. Das Lokal auf der Altrheininsel Kühkopf ist ein beliebtes Ziel von Wanderern und Radfreunden – erreichbar auf dem kürzeren Weg von Erfelden, auf dem längeren von Stockstadt aus. An Sommersonntagen verkehrt die Personenfähre „König Gunther" zwischen Guntersblum und Kühkopf und bringt auch Besucher von der rheinland-pfälzischen Rheinseite hierher. Der Anblick, den Ausflügler auf der Waldlichtung inmitten des Naturreservats genießen, ist in jedem Fall traumhaft: ein pittoreskes Hausensemble mit Terrasse auf der einen und einem großen Innenhof auf der anderen Seite. Der Biergarten bietet Platz für 200 Gäste, auf der Terrasse finden weitere 80 Personen Platz. Auf der Speisekarte steht vorwiegend Hausmannskost: Schnitzel, Steaks, Schweinebraten mit Bratkartoffeln oder Spätzle als Beilage. Aber auch das für ein Forsthaus unverzichtbare Wild findet man – Köstlichkeiten wie „Rehnüsschen auf Traubenchutney mit Kartoffelrösti". Frischer Apfel- oder Traubenmost sind eine gute Stärkung für alle, die nach der Einkehr noch eine Tour durch den Altrheindschungel geplant haben.

FORSTHAUS KÜHKOPF
64560 RIEDSTADT-ERFELDEN

TEL. 06158 3068

MI-SO AB 10 UHR
MO UND DI RUHETAGE

WWW.FORSTHAUS-KUEHKOPF.COM

RASTPLATZ
IM AUENLAND

Villa Journal

SEEHEIM-JUGENHEIM

ZWISCHEN HOLLYWOOD-KITSCH
UND GARTENIDYLLE

SZENE & TEND | KÜCHE | PREISNIVEAU | AMBIENTE

Schon der Garten der Villa ist schön und idyllisch. Man sollte jedoch auf jeden Fall auch dem originellen Inneren des Hauses einen Besuch abstatten. Denn hier haben die Betreiber mit viel Liebe zum Detail dekoriert. Alte Zeitungen und Zeitschriften – passend zum Namen des Lokals – Filmplakate, bemalte Spiegel und allerlei Kitsch aus der Ära des großen Hollywood-Kinos schmücken die Wände. Leider lassen sich diese Dinge nicht auf der Gartenterrasse unterbringen. Der Freiluftaufenthalt hat hier jedoch auch seine Reize. Die Grünanlage ist licht und großzügig, und unter den großen Sonnenschirmen hat man einen schönen Blick auf die Villa selbst, die mehr wie ein Forsthaus des späten 19. Jahrhunderts wirkt. Vor den vorbeifahrenden Autos verschließt man am besten Augen und Ohren. Und wenn dann der Autokorso mal Pause macht, hört man die Vögel zwitschern und das Brünnlein plätschern. Das ebenso originelle wie internationale gastronomische Angebot umfasst neben leichten italienischen und mexikanischen Imbissen auch massige Fleischgerichte wie „Argentinisches Roastbeef mit Bratkartoffeln" oder „Schweinemedaillons mit Mozzarella und Tomaten". Stammgäste schätzen vor allem das internationale Frühstück. Egal ob ein Brüsseler, ein Londoner, ein Pariser oder ein Mailänder Frühstück – auf jeden Fall ist es ein guter Start in den Tag.

VILLA JOURNAL
SANDMÜHLSTRASSE 15
64324 SEEHEIM-JUGENHEIM
TEL. 06257 4443

DI-SO 9.30-24 UHR
SA AB 14.30 UHR
MO RUHETAG

INTERNATIONALES
FRÜHSTÜCK

KAPITEL 2

Frankfurt & südliche Umgebung

Biancalani

FRANKFURT-SACHSENHAUSEN

DOLCE VITA
MIT SKYLINEBLICK

SZENE & TREND | KÜCHE | PREISNIVEAU | AMBIENTE

Unter den Arkaden mit Blick auf die Wasserspiele des Walther-von-Cronberg-Platzes und die Skyline hat schon mancher Gast die Rückkehr in den Alltag lang und länger hinausgeschoben; weil's so schön südländisch und großstädtisch zugleich ist. Mit dem „Biancalani" hat sich am Deutschherrnufer eine Dolce-Vita-Trilogie aus Restaurant (Cucina), Bar und Weinlokal (Enoteca) etabliert. Urban und schick ist auch das Publikum, das sich aus der einsehbaren Küche bekochen lässt. Den mediterranen Stil mit 300 Jahre altem Terrakottaboden, Backsteinwänden und Olivenbäumen pflegt auch die Küche. Sie paart Hiesiges mit Südländischem zu aparten Gaumenkitzeln. Netter Service, gepflegte Weine aus Italien, Spanien und Frankreich. In der angrenzenden Bar sprudelt der Prosecco und schmecken die süffigen Cocktails unter den Arkaden, in der Lounge und im Hof-Gärtchen. Die „Eno" ist abends Trattoria und an Wochenenden außerdem ab 10 Uhr Frühstückstreff.

BIANCALANI CUCINA BAR ENO
WALTHER-VON-CRONBERG-PLATZ 7-9
60594 FRANKFURT

TEL. 069 689776-15/-20/-25
FAX 069 68977611

MO-FR 12-15 UND 18-1 UHR
SA 18-1 UHR, SO 16-22 UHR

WWW.BIANCALANI.DE

ESSEN, TRINKEN, KLÖNEN
IM FLORENTINISCHEN VIERTEL

Tipp: Johnny Klinke, Varieté-Direktor, Tigerpalast

Bristol Summerlounge

FRANKFURT-GALLUS

FREISITZ
AM DESIGNHOTEL

SZENE & TREND	KÜCHE	PREISNIVEAU	AMBIENTE

Ein paar Gehminuten vom Hauptbahnhof entfernt liegt das äußerlich unscheinbare, innen schicke Bristol-Hotel. Zwei junge Pächter, Micky Rosen und Alex Urseanu, haben das Haus vollständig renovieren lassen und zu einer aparten Design-Herberge gemacht, in der junges, nettes Personal in schwarzer Kleidung umherläuft. Wenn es warm ist, wird die große Terrasse mit rund 100 Plätzen vor dem Frühstücksraum zur Bristol-Summerlounge mit kühlen Drinks und softer Musik. Auf dem Holzbohlen-Boden mit eingelassenen Lichtern laden breite Sofas und Sessel mit üppigen weißen Polstern ein zum lässigen Sitzen zwischen grün wuchernden Pflanzen. Die Atmosphäre ist entspannt – im Publikum sind viele Hotelgäste: Geschäftsreisende und Städte-Touristen vor allem. Wenn dann draußen geschlossen wird, kann man drinnen weiterfeiern; die Bar ist rund um die Uhr geöffnet und bietet die Nacht hindurch warme Küche bis in den frühen Morgen. Eines der Highlights am Wochenende ist der Sonntagsbrunch mit Fleisch und Fisch vom Grill, Prosecco und Kaffee. Wer einmal selbst Gastgeber sein möchte oder muss, kann die Terrasse auch mieten.

SUMMERLOUNGE IM BRISTOL-HOTEL
LUDWIGSTRASSE 15
60327 FRANKFURT

TEL. 069 242390
FAX 069 2151539

TÄGLICH AB 7 UHR

WWW.BRISTOL-HOTEL.DE

WARME KÜCHE
VON 20-8 UHR

Café im Liebieghaus

FRANKFURT-SACHSENHAUSEN

FAST SCHON VERWUNSCHEN

REGIONAL & ORIGINAL | KÜCHE | PREISNIVEAU | AMBIENTE

Was ein anständiges Museum ist, zu dem gehört Gastronomie. Zumal, wenn man in Betracht zieht, wie oft in öffentlichem Zusammenhang nicht nur die Kunstwerke, sondern auch die Lokale genannt werden. Die Gastronomie an der Schirn Kunsthalle oder am Museum für Angewandte Kunst, auch das Restaurant am Städel, sind immer wieder im Gespräch – und damit auch die Museen, denen sie angegliedert sind. Ein Café mit schönem Hof hat das Liebieghaus – das Museum alter Plastik. Im antiken Skulpturengarten sitzt man wie verwunschen. Der runde Platz zwischen den Seiten- und Rückfronten der benachbarten Museumsbauten ist so friedvoll, dass man Zeit und Raum vergisst. Es gibt sehr guten selbstgebackenen Kuchen, innen ist das Lokal ein kühles Gewölbe mit niedrigen Rundbogen, ein bisschen mittelalterlich, ein bisschen französisches Kaffeehaus. Ein Klassiker: der Sonntagsbrunch. Das Café ist auch geeignet, um besondere Geburtstage zu feiern: Wenn man mehr Gäste einladen möchte, als man zu Hause bewirten kann, aber nicht so viele, als dass sie einen Saal füllten.

CAFÉ IM LIEBIEGHAUS
SCHAUMAINKAI 71
60596 FRANKFURT
(MUSEUMSUFER)
TEL. 069 635814

DI-FR 10-19 UHR, SA 10-18.30 UHR
SO 10-19 UHR, MO RUHETAG

WWW.CAFE-IM-LIEBIEGHAUS.DE

AUCH FÜR PRIVATE FESTE GEEIGNET

Tipp: Ingrid El Sigai, Sängerin TV-Hörfunk-Moderatorin

Café Siesmayer

FRANKFURT-WESTEND

TRUBEL
UND RUHE ZUGLEICH

GUT & BÜRGERLICH | KÜCHE | PREISNIVEAU | AMBIENTE

Fast noch im Morgengrauen öffnet das „Café Siesmayer" am Palmengarten und lädt ein, den Tag auf der großen Terrasse zu genießen. Das Lokal ist von der Siesmayerstraße und vom Palmengarten aus zugänglich. Hausherren sind Margareta Dillinger, Johnny Klinke und Robert Mangold, die Macher des Tigerpalastes. Im „Siesmayer" wird nicht auf Michelin-Stern-Niveau, aber durchaus mit Anspruch gekocht. Im weitläufigen Lokal kann man frühstücken, mittag- und abendessen und sehr guten Kuchen aus der hauseigenen Konditorei bestellen. Auf der Karte: Deutsches und Regionales mit einer Spannweite von Grüner Soße bis zu pochiertem Fisch, dazu fair kalkulierte Weine. Der Service ist jung, aber klassisch geschult. Nachmittags ist es oft trubelig, vor allem, wenn die Terrasse zum Palmengarten geöffnet ist. Bei schönem Wetter ist es ein Genuss, den Tag hier bei einem Glas Wein und einer Köstlichkeit aus der Küche in den Abend gleiten zu lassen und neben leisen Gesprächen nur noch ab und zu dem Quaken der Enten zu lauschen.

CAFÉ UND RESTAURANT SIESMAYER
SIESMAYERSTRASSE 59
60323 FRANKFURT

TEL. 069 900290
FAX 069 90029180

TÄGLICH VON 8-20.30 UHR

WWW.PALMENGARTEN-GASTRONOMIE.DE

TERRASSE AM PALMENGARTEN

Tipp: Max Hollein, Direktor von Schirn und Städel

Emma Metzler

FRANKFURT-SACHSENHAUSEN

SCHÖNER SITZEN
AM MUSEUM

EDEL & FEIN | KÜCHE | PREISNIVEAU | AMBIENTE

Manche haben einfach einen Standortvorteil: Das „Emma Metzler" ist dem Museum für Angewandte Kunst angegliedert. In einem klaren, puristischen Stil gehalten, liegt es zwischen Eisernem Steg und Walter-Kolb-Straße in einer der zweifellos schönsten Frankfurter Grünanlagen. Vor der großen, bequem bestuhlten Terrasse erstreckt sich eine weitläufige Parkwiese. Auf der kann man nach dem Essen eine Runde Federball spielen, um ein paar Kalorien zu verbrennen. Dazu sieht man den Main, was will man mehr? Betrieben wird das Lokal von ehemaligen Pächtern der Gerbermühle. Im Service und bei der Weinberatung glänzt Tochter Jacky Strenz, die nebenher auch Galeristin ist. Die Küche leitet seit 2007 Burkhard Lindlar. Am Main ist der Chefkoch aus seinen Zeiten im „Francais" des „Frankfurter Hofs" bekannt. Geöffnet ist von Mittag an durchgehend, das Angebot reicht von Bistro-Gerichten bis zu deutlich Ambitionierterem wie in Senföl gebratenem Spanferkel oder Kabeljau auf Mandelpolenta. Man kann mittags auch nur einen Kaffee und abends nur einen Wein trinken, immerhin ist das „Emma Metzler" ja ein Museumslokal. Und in einem solchen soll es unkompliziert zugehen.

RESTAURANT EMMA METZLER
SCHAUMAINKAI 17
60594 FRANKFURT

TEL. 069 61995906
FAX 069 61995906

DI-SA 12-24 UHR, SO 12-18 UHR
SO UND MO RUHETAGE

WWW.EMMA-METZLER.COM

EIN GARTEN
MIT PARK-ANSCHLUSS

Tipp: Susanna Kalb, Modemacherin

Fleming's Deluxe Hotel

FRANKFURT-INNENSTADT

PATERNOSTER ZUM GENUSS

EDEL & FEIN | KÜCHE | PREISNIVEAU | AMBIENTE

Frankfurt verändert sich, immer weiter, mitunter sehr schnell. Im Frühjahr 2008 war es in der denkmalgeschützten ehemaligen Hauptverwaltung der Bayer-AG am Eschenheimer Turm (in Frankfurt nur Bayer-Haus genannt) so weit: Dort wurde ein Luxusbetrieb der jungen, bis dato im Drei- und Vier-Sterne-Segment tätigen Hotelkette „Fleming's" eröffnet: 106 Zimmer und sechs Suiten – alles, auch die öffentlich zugänglichen Bereiche, ist in Erdtönen gehalten und hochwertig eingerichtet. Nichts erinnert daran, dass das einmal ein Bürohaus war. Mit einer Ausnahme freilich, und die ist auch das ganz Besondere: ein Paternoster. Wer mag, kann damit von der Halle bis hoch in den siebten Stock fahren, wo Restaurant und Terrasse mit schönster Aussicht warten. Blickachsen, die einem die Innenstadt in buchstäblich neuer Perspektive zeigen. Wer sich scheut, in den unermüdlichen, offenen Aufzug einzutreten, sollte auf jeden Fall nicht den Lift nehmen, sondern laufen: Das ebenfalls unter Denkmalschutz stehende Art-déco-Treppengeländer (nur der Handlauf durfte erneuert werden) ist sehenswert. Das kulinarische Angebot ist mediterran mit zusätzlichem Schwerpunkt auf Grill- und Seafood-Gerichten. Ziselierte Speisen werden nicht serviert, das Angebot ist entspannt und von guter Produktqualität, wie auch in den Brasserien der anderen Fleming's-Hotels in Frankfurt. Geplant ist die Eröffnung eines weiteren Lokals im Parterre, mit einem großen Garten, das klingt auch nicht schlecht.

FLEMING'S DELUXE HOTEL
FRANKFURT-CITY
ESCHENHEIMER TOR 2
60313 FRANKFURT
TEL. 069 427232200
FAX 069 427232999
TÄGLICH 6-23 UHR, BAR BIS 2 UHR
WWW.FLEMINGS-HOTELS.COM

GANZ NEUER BLICK
AUF DIE STADT

Gerbermühle

FRANKFURT-SACHSENHAUSEN

EIN ALTER ORT, GUT AUFGEMÖBELT

SZENE & TREND | KÜCHE | PREISNIVEAU | AMBIENTE

Endlich! Das haben viele gedacht im Jahr 2007, als nach manchem Zweifel die Gerbermühle am Mainufer zwischen Frankfurt und Offenbach tatsächlich eröffnet wurde. Der Umbau des legendären Ausflugslokals, das der neue Eigentümer zu einem 19-Zimmer-Haus mit Restauration und Biergarten hat neu gestalten lassen, schien über Jahre unter einem schlechten Stern zu stehen. Dann stiegen die Gastronomen und Hoteliers Micky Rosen und Alex Roseanu ein. Die beiden, die in der Stadt bereits zwei Hotels betreiben, haben auch der Gerbermühle ihren Stil gegeben. Rosens Ehefrau Oana hat die Einrichtung entworfen – stylish, aber nicht ungemütlich. Der 550-Plätze-Biergarten ist der attraktivste weit und breit – heller Kies, werbefreie Sonnenschirme. Abends beleuchten Stehlampen den Garten. Es ist alles etwas szeniger, als es war. Über den Betrieb wacht Kay Exenberger. Chefkoch ist Jörg Ludwig. Es gibt Apfelwein von Höhl und den „Pomp", schöne Weine und gutbürgerliches Essen. Die Grüne Soße gehört zur besten im Umkreis. Hervorheben kann man natürlich die Fischgerichte, aber auch alles andere war bisher immer tipptopp.

GERBERMÜHLE
GERBERMÜHLSTRASSE 105,
60594 FRANKFURT

TEL. 069 68977790
FAX 069 689777966

TÄGLICH 11.30-23 UHR

WWW.GERBERMUEHLE.DE

QUALITÄT AM MAIN

Tipp: Ardi Goldmann, Immobilienentwickler

Goetheruh am Goetheturm

FRANKFURT-STADTWALD

RIESLING AM SPIELPARK

KIND & KEGEL | KÜCHE | PREISNIVEAU | AMBIENTE

Als Ausflugsziel ist der Goetheturm im Frankfurter Stadtwald ein echter Klassiker. Man erreicht ihn mit dem Auto, aus allen Himmelsrichtungen mit dem Fahrrad, von Oberrad und dem oberen Sachsenhausen auch zu Fuß. Der Turm ist mehr als 40 Meter hoch und soll Deutschlands höchstes Holzgebäude sein. Ist man hinaufgestiegen, hat man einen wunderbaren Ausblick. Ist man wieder unten, kann man den Waldspielpark am Fuße des Turms besuchen. Falls man Kinder dabeihat, schaut man ihnen beim Rutschen und Schaukeln zu, falls nicht, sieht man denen anderer Leute zu oder hält einfach den Kopf in die Sonne. Das ist die eine Möglichkeit. Die andere besteht darin, in der „Goetheruh" am Spielplatzrand einzukehren. Das pastellfarben getünchte und innen nach Goethes Farbenlehre gestaltete Haus hat guten Kaffee und Kuchen und kleine Gerichte auf einer ansprechenden Karte. Die Stimmung ist so entspannt, dass sie sich auch an solch turbulenten Tagen nicht ändert, an denen sich quer durch den Sandboden-Garten die Schlange derer zieht, die für ein Eis anstehen. Die Kellnerinnen flitzen im Slalom über das Gelände und fein frisierte Damen, die Riesling trinken, schauen über den Jägerzaun hinweg zu, wie die Fahrradständer am Turm immer voller werden.

GOETHERUH AM GOETHETURM
ZUM GOETHETURM 1
60599 FRANKFURT

TEL. 069 686830
FAX 069 623453

TÄGLICH 10-19 UHR

AUSFLUGSLOKAL
MIT ENTSPANNTEM CHARME

Hilton-Terrasse

FRANKFURT-INNENSTADT

ALLE AUGEN
RICHTUNG PARK

EDEL & FEIN | KÜCHE | PREISNIVEAU | AMBIENTE

Dick gepolsterte Stühle, kühle Getränke, unverbaubar freie Sicht aufs Grün. Von allen Frankfurter Hotels ist das „Hilton" an der verkehrsreichen Hochstraße das einzige, das von sich sagen kann, es liege an einem Park. Denn es grenzt an die Wallanlagen, die sich als grünes Band durch die Innenstadt schlängeln. Auf diesen Wegen hat die Frankfurter Volksschauspielerin Liesel Christ ihren Hund ausgeführt. Dort steht auch, inmitten alter Platanen und Ahornbäume, wenige Schritte von der „Hilton"-Terrasse entfernt, das Nebbiensche Gartenhaus. Der klassizistische Pavillon gilt als Frankfurter Kleinod und hat den Zweiten Weltkrieg unbeschadet überstanden. Seit den 50er Jahren wird er vom Frankfurter Künstlerclub genutzt. Die „Hilton"-Terrasse gegenüber ist bei schönem Wetter bis in den späten Abend geöffnet. Man kann das Croissant in den Morgenkaffee tunken und abends Cocktails schlürfen. Zu essen gibt es, was auch drinnen im kalifornisch ausgerichteten Restaurant serviert wird. Und wenn man über den Künstlerclub das Gartenhäuschen mieten möchte, dann bringt das Hilton bei Bedarf die Häppchen. Beliebter Sonntagsbrunch.

HILTON-TERRASSE/RESTAURANT
PACIFIC COLORS IM HILTON-HOTEL
HOCHSTRASSE 4
60313 FRANKFURT

TEL. 069 1338000
FAX 069 133820
TÄGLICH 6.30-23 UHR

MITTEN IN DER STADT
UND DOCH ABGESCHIEDEN

Tipp: Michael Hocks, Intendant der Alten Oper

Long Island Summer Lounge

FRANKFURT-INNENSTADT

GUTE LAUNE AUF DEM DACH

KIND & KEGEL | KÜCHE | PREISNIVEAU | AMBIENTE

Mit Kindern aufs Dach? Das geht, bei dem Parkhaus Börse. Dessen Oberdeck ist im Sommer nicht nur zum Parken da, sondern zum Feiern. Die Long Island Summer Lounge ist ein Strand ganz ohne Sand, dafür mit Holzbohlen: das Publikum gemischt, die Gestaltung ein Stilmix mit maritimen Elementen. In der Freiluftsaison werden auf dem Parkhaus-Dach ein hölzernes Spielschiff für Kinder und zwei kleine Pools aufgebaut, in die man die Füße hängen oder eintauchen kann. Umkleidehäuschen stehen bereit und Liegestühle, dazu Lounge-Sofas und Lümmelpolster, Hollywoodschaukeln und in Kübeln wachsende Pflanzen. Ein beliebtes Getränk auf dem Dach ist Prosecco auf Eis. Gerne gegessen werden Flammkuchen; Sandwiches und Salate stehen auch auf der Karte. Große Kochkunst kann man an so einem Ort nicht inszenieren, sie wird auch nicht erwartet. Die Qualität ist dafür sehr gut. Am Spätnachmittag und am frühen Abend, wenn Mittagspausen-Gäste und Eltern mit ihren Kindern gegangen sind, dominieren die After-Work- und die After-Shopping-Szene. Und je später es wird, desto lauter kann es werden.

LONG ISLAND SUMMER LOUNGE
AUF DEM PARKHAUS BÖRSE
KAISERHOFSTRASSE 12
60313 FRANKFURT
TEL. 069 29723596
TÄGLICH 11-1 UHR

WWW.LONGISLANDLOUNGE.COM

SCHÖNER HOCHHAUS-BLICK

Tipp: Dr. Ronald Batze, Plastischer Chirurg

Opéra Restauration

FRANKFURT-INNENSTADT

LOGENPLATZ
MIT AUSSICHT

EDEL & FEIN | KÜCHE | PREISNIVEAU | AMBIENTE

Frankfurts schönstes Restaurant wartet im pompösen Stil der Belle Époque im historischen Foyer auf der Beletage der Alten Oper auf. Mit hohen Räumen, prunkvollen Malereien und üppigen Samtvorhängen. Ob Verwandte oder Geschäftsbesuch auszuführen sind: Eine beeindruckendere Lokalität hat Frankfurt nicht vorzuweisen. Das feudale Ambiente und die Panoramaaussicht von der Terrasse auf die Hochhaussilhouette haben schon manchem Besucher den Atem geraubt. Beeinflusst von Mitbetreiber Gerd Käfer, setzt die Küche auf Vielfalt und schnelle Business-Lunches, auf Kleinigkeiten vor und nach den Konzerten, auf Gourmetmenüs und den überaus beliebten Sonntagsbrunch. Die Meeresfrüchte-Etagére mit frischem Meeresgetier auf Eis ist längst ein Klassiker, wie auch der Salat mit Rinderfiletspitzen oder das Wiener Schnitzel. Doch die Küche kann mehr und kocht saisonal mit regionalen und asiatischen Anleihen. Ob filigrane Fischkreationen oder knusprige Ente, es ist für jeden etwas dabei. Das „Opéra"-Vergnügen ist nicht ganz billig, doch Sonderaktionen wie die „Samstagsjause" (von 11 bis 15 Uhr) mit bayerischen Schmankerln zum Festpreis oder „Special Offers" für Familien an den eher ruhigen Abenden am Wochenende machen das Erlebnis durchaus erschwinglich.

OPÉRA RESTAURATION
OPERNPLATZ 1
60313 FRANKFURT

TEL. 069 1340215

TÄGLICH 12-1 UHR

WWW.OPERA-RESTAURATION.DE

FRANKFURTS
SCHÖNSTER BALKON

Oscar's Ehrenhof-Terrasse

FRANKFURT-INNENSTADT

CROSSOVER IM FLAGGSCHIFF

EDEL & FEIN | KÜCHE | PREISNIVEAU | AMBIENTE

Der „Frankfurter Hof" gilt als Flaggschiff der Steigenberger Hotelgesellschaft. Das traditionsreiche Hotel mit der denkmalgeschützten Fassade am Kaiserplatz hat viele schöne Seiten: seit einem weiteren Umbau auch die schicke Ehrenhof-Terrasse. Keine Schwellenangst bitte, könnte als Motto über dem Lokal stehen, denn so elegant die Herberge ist, so unkompliziert geht es im bistroartigen Restaurant mit dem freundlichen Service zu. Die Speisen sind eine internationale Mischung, „Cross over" heißt das hier, wo internationales Publikum verkehrt. Typisch für die Küche sind Gerichte wie die Graved-Lachs-Palatschinken und der Backhendl-Salat. Sehr gut sind die Suppen, die Fische überzeugen wegen der Qualität der Ware. Aus dem japanischen Restaurant „Iroha" im Souterrain des Hotels, kann man sich einen Sushi-Teller ins „Oscar's" bestellen. Die Auswahl an offenen Weinen ist groß, da alles, was auf der Karte steht, auch glasweise ausgeschenkt wird. Während man im „Oscar's" unter bordeauxroten Schirmen Platz nimmt, sind die Tische auf der „Français"-Terrasse unter einer Markise gedeckt. Das hochpreisige Gourmet-Restaurant liegt im hinteren Teil des Ehrenhofs.

OSCAR'S IM STEIGENBERGER FRANKFURTER HOF
AM KAISERPLATZ
60311 FRANKFURT
TEL. 069 215118, FAX 069 215119

MO-SA 11-1 UHR, SO 15-1 UHR
WWW.FRANKFURTER-HOF.STEIGENBERGER.DE
LÄSSIG-LOCKER UND HOCHPREISIG

Tipp: Dr. Christiane Zwettler, Österreichische Handelsdelegierte

Speisekammer

FRANKFURT-HEDDERNHEIM

ES GRÜNT
SO GRÜN

GUT & BÜRGERLICH

KÜCHE

PREISNIVEAU

AMBIENTE

Der Weg in eines der schönsten Frankfurter Gartenlokale in Alt-Heddernheim führt durch ein Gewirr von Einbahnstraßen. Pächter der traditionsreichen Gaststätte sind mit Jutta und Dieter Schreuer nunmehr zwei gebürtige Heddernheimer. Sie sind als Gastwirte bestens bekannt, haben in der „Heddemer Stubb" und in der Gaststätte „Zur Golden Kron" ihre Gäste gut versorgt. Die „Speisekammer" ist schon seit 1890 eine gute Adresse für Freunde der bürgerlichen Küche und Frankfurter Spezialitäten. Die Schreuers gehen mit der Saison und lassen von Spargel über Wild und Pilze bis zum krossen Gänsebraten im Winter keine beliebte Spezialität aus. Dieter Schreuer bruzzelt prima Schnitzel, wahlweise aus Kalb- oder Schweinefleisch und natürlich aus der Pfanne. Er weiß aber auch mit Fisch und Lamm umzugehen. Allseits beliebt sind saftige Steaks, knusprige Bratkartoffeln, nach Saison Wild- oder Pilzgerichte, Flammkuchen, frische Salate und frische Kräuter wie beim „Estragonschnitzel" oder dem „Basilikumparfait". Auch das Gartenlokal bietet alles andere als Einheitsstil mit seinen schönen Holzmöbeln und Dekorationen. Unter den Ästen einer Kastanie und einer Platane grünt es aus Töpfen und Trögen heraus, dass es eine Pracht ist. Draußen können 220 Gäste tafeln, 60 Plätze sind überdacht.

SPEISEKAMMER
ALT-HEDDERNHEIM 41
60439 FRANKFURT

TEL. 069 573888
FAX 069 57009921

MO, MI-SA 17-24 UHR
SO 11.30-24 UHR

WWW.SPEISEKAMMER-FRANKFURT.DE

VIEL BOTANIK,
WENIG PARKPLÄTZE

Villa Kennedy

FRANKFURT-SACHSENHAUSEN

MODERNE TRADITION

EDEL & FEIN | KÜCHE | PREISNIVEAU | AMBIENTE

Die denkmalgeschützte (Bankiers-)Villa Speyer ist als Frankfurts neuestes Luxushotel wieder erstanden. Benannt nach der angrenzenden Ausfallstraße mischt sich im Inneren Traditionelles mit Modernem. Klare Linien, unaufdringliche Eleganz und gute Kunst an den Wänden prägen die großzügigen Räumlichkeiten und Salons im Erdgeschoss. Den Innenhof mit seinem Wasserbecken und den wie abgezirkelt stehenden Tischen, Stühlen und Lounge-Sofas umschließt ein verglaster (Kreuz-)Gang. Hier im geschützten Innenhof lockt vom Frühstück bis zum frühen Abend eine gediegene Oase. Abends kann man den professionell gemixten Cocktails zusprechen, dazu spielt Livemusik aus der „JFK's-Bar". Es muss ja nicht der „JFK Martini" für 80 Euro sein, wegen seiner hochwertigen Edelzutaten angeblich der teuerste Martini in Deutschland. Zum Afternoon-Tea werden hausgemachte Kuchen gereicht; kleine Speisen wie Suppen, Sandwiches und Salate stehen neben italienischen Spezialitäten aus dem Restaurant „Gusto" zur Wahl. Junge und freundliche Mitarbeiter bemühen sich um die Gäste.

ROCCO FORTE VILLA KENNEDY
KENNEDYALLEE 70
60596 FRANKFURT

TEL. 069 717121200
FAX 069 717122300

TÄGLICH 6.30-10.30 UHR
12-14.30, 18.30-22.30 UHR

WWW.VILLAKENNEDY.COM

FRANKFURTS INTERNATIONALE SEITE

Tipp: Evelyn Brockhoff, leitende Direktorin des Instituts für Stadtgeschichte

Zum Lahmen Esel

FRANKFURT-NIEDERURSEL

FLOTTE TRUPPE,
STRAMME LOTTE

KIND & KEGEL | KÜCHE | PREISNIVEAU | AMBIENTE

Hohe Bäume und großformatige Schirme spenden Schatten, damit den Gästen Stöffche oder Bier nicht allzu schnell in die Köpfe steigen. Das wäre schade, denn Essen gehört im „Lahmen Esel" einfach dazu, die Portionen sind nicht nur reichlich, sondern auch verlässlich gut. Der Service flutscht, die Getränke sind kalt, das Essen ist gutbürgerlich. Die Speisekarte bietet eine erschlagende Fülle auch saisonaler Genüsse, wie Spargel oder Matjes. Die Spezialitäten der Frankfurter Küche sind lückenlos vertreten: Rippchen mit Kraut, Grüne Soße und Co., aber auch üppige Salatschüsseln, Speckpfannkuchen oder der „Lahme Esel"-Toast machen Appetit. Favorit bei Hungrigen ist die „Bäckerschaufel" mit Lendchen, Rump- und Hacksteaks und vielen Beilagen. Die Desserts schlagen von Roter Grütze bis zu Eisbechern einen weiten Bogen. Nach 22 Uhr bietet die Kleine Karte immer noch elf Gerichte, vom Handkäs' bis zur Strammen Lotte, der Schwester vom ebensolchen Max, jedoch mit rohem Schinken. Die gemütlichen Gaststuben und der große Garten ziehen Gäste aus allen Stadtteilen an. Die Anreise per U-Bahn ist empfehlenswert, sie hält direkt gegenüber. Parkplätze sind knapp.

ZUM LAHMEN ESEL
KRAUTGARTENWEG 1
60439 FRANKFURT

TEL. 069 573974

DI-SA 11.30-14 UND 17-24 UHR
SO UND FEIERTAGE 11.30-14 UHR
UND 16.30-23 UHR, MO RUHETAG
WWW.LAHMER-ESEL.DE

PER U-BAHN ZUM ESEL

Zum Rad

FRANKFURT-SECKBACH

ALLES RUND

REGIONAL & ORIGINAL | KÜCHE | PREISNIVEAU | AMBIENTE

Eine solide Küche, die Speisekarte ist rund wie ein Rad und nicht nur deshalb umfangreich. Neben der Apfelwein-Küche mit Grie Soß und Ochsenbrust, Rippchen und allerlei Würsten gibt es auch Speckpfannkuchen, das „Radpfännchen" oder „Ebbelchesbraten" (Schwein in Apfelweinsoße). Außerdem, je nach Saison, Spargel, Pilze, Wild, Ente oder Gänsebraten. Seit 1806 wird selbstgekeltertes Stöffche im klassischen 0,3-Liter-Format ausgeschenkt. Der amtierende Wirt Gasser hat früher als Techniker am Airbus mitgebaut, bevor er sich für die „ruhigere Kugel" des „Rad-Wirtes" entschied. Daraus wurde nichts, denn „ruhig" läuft im „Rad" nun wirklich nichts. Zumal sich die kühle Jahreszeit in den beiden Gaststuben äußerst gemütlich und urig verbringen lässt. Im Sommer sitzt man im weitläufigen Innenhof unter schattenspendenden Kastanienbäumen. Viele Plätze sind dank der Laubengänge überdacht; so wird der Schoppen nicht unversehens zum Gespritzten. Die Sitzkissen werden vom Service verwaltet; wer fragt, kriegt ein Polster verpasst. Alles Gründe, weshalb das „Rad" zu den beliebtesten Zielen durstiger Stadtflüchtlinge gehört. Insider kommen per (Fahr-)Rad: Parkplätze sind so rar wie Ananas in Alaska.

ZUM RAD
LEONHARDSGASSE 2
60389 FRANKFURT-SECKBACH

TEL. 069 479128
FAX 069 47885057

MO-SA AB 17 UHR
SO UND FEIERTAGE AB 12 UHR

DI RUHETAG
WWW.ZUM-RAD.DE

KINDERSICHER
(HOF IST UMSCHLOSSEN)

Tipp: Alissa Walser, Schriftstellerin und Malerin

Alte Bergmühle

DREIEICHENHAIN

LANDLEBEN
FÜR STADTFLÜCHTLINGE

REGIONAL &ORIGINAL | KÜCHE | PREISNIVEAU | AMBIENTE

Die Bezeichnung Landgasthof ist eine gewaltige Untertreibung, denn die 500 Jahre alte Mühle hat sich zum stattlichen Restaurant und Landhotel gewandelt. Im romantischen Fachwerkanwesen mitten im Grünen wird in gemütlichen Stuben getafelt. Gelb und Grün sind die Lieblingsfarben von Gastgeberin Angelika Emmer. Sie inszeniert mit Geschmack und Mut zur Üppigkeit den gepflegten Country-Look der Gasträume. In einer Atmosphäre aus floralen Wandmalereien, romantischen Tischdekorationen und wohliger Behaglichkeit wird das Essen zu einem Fest für alle Sinne. Denn zusätzlich punktet die Küche mit modernen Klassikern wie einem perfekt gegarten Lammrücken am Knochen oder einem zarten Rehrücken in Walnusskruste. Doch der Hausherr und Chefkoch Gregor Emmer liebt's auch leicht und mit mediterranem Einschlag – vor allem frisch mit regionalen Bezügen, und er hat ein gutes Händchen für Fisch und Meeresfrüchte.

Unbedingt probieren: Gebackene Banane im Tempurateig mit Sesam-Honigeis ...! Der lauschige Garten ist eine windgeschützte, auf zwei Ebenen angelegte Innenhofterrasse mit bequemen Sitzgruppen. Eigene Parkplätze und hübsche Zimmer für all jene, die den formidablen Kreszenzen aus dem gut sortierten Weinkeller nicht widerstehen können.

ALTE BERGMÜHLE
LANDGASTHOF UND HOTEL
GEISSBERG 25
63303 DREIEICH-DREIEICHENHAIN
TEL. 06103 81858, FAX 06103 88999
TÄGLICH 11.30-1 UHR

WWW.ALTE-BERGMUEHLE.DE

MITTEN IM GRÜNEN UND
TROTZDEM ZENTRAL

Gutsschänke Neuhof

DREIEICH-GÖTZENHAIN

SPAZIERGEBIET
MIT KÜCHEN-ANSCHLUSS

GUT & BÜRGERLICH

KÜCHE

PREISNIVEAU

AMBIENTE

Das rustikal-elegante Hofgut, das im Dreieck zwischen Frankfurt, Offenbach und Darmstadt liegt (genauer: zwischen Neu-Isenburg und Götzenhain) ist so etwas wie ein Gesamtkunstwerk: ein Naherholungsraum mit Spaziergebiet, Golfplatz und Küche. Für Kinder gibt es einen geräumigen Spielplatz, auf einem großen tiefen Teich schwimmen Enten. Man kann in der Backstube (Blech-)Kuchen zum Mitnehmen kaufen, vor dem trutzigen kleinen Haus bis in den tiefen Herbst hinein auf einfachen Bänken sitzen und Wein trinken.

Ein paar Schritte weiter beginnt mit den klassisch eingedeckten Tischen unter mächtigen Bäumen das eigentliche Areal der Gutsschänke. Hier sieht man oft prominente Frankfurter, Geschäftsleute, Paare jeden Alters und Familien, die etwas zu feiern haben, versammelt. Vor und nach dem Essen kann man ausgedehnt laufen. Das Gelände geht sanft in einen Teil des Regionalparks Rhein-Main über. Der „Neuhof"-Besitzer Conrad Schumacher, Spross einer Landwirtsfamilie, Reiter, Trainer und Pferdezüchter, schaut darauf, dass die Tradition der Gutsschänke weitgehend unverändert weiterbesteht. Die Küche ist deshalb vorwiegend auf Kurs verfeinert-gutbürgerlich und überzeugt vor allem mit dem, was man Produktqualität nennt: eigene Bäckerei und Metzgerei, das klassisch geschulte Personal. Weil es keine Anwohner gibt, bleibt die Terrasse abends lange geöffnet.

GUTSSCHÄNKE
AUF DEM HOFGUT NEUHOF
63303 DREIEICH-GÖTZENHAIN

TEL. 06103 30000
FAX 06103 300035
TÄGLICH 11.30-23 UHR

WWW.GUTSSCHAENKENEUHOF.DE

EIN FEIN-BÜRGERLICHER KLASSIKER

Apfelwein Föhl

NEU-ISENBURG

FÜR IMMER WIEDER

REGIONAL & ORIGINAL | KÜCHE | PREISNIVEAU | AMBIENTE

Wenn das Interieur stimmt und der Apfelwein gut ist, die Kellner freundlich sind, ohne Schlappmaul-Attitüde, und in der Küche Leute stehen, die beim Kochen einen gewissen Ehrgeiz haben – dann geht man gern zum Ebbelwei. Auch in Neu-Isenburg tut man das, am Marktplatz. Dort steht der „Grüne Baum" und gegenüber der dunkelgrün gestrichene „Apfelwein Föhl" mit dem leuchtend roten Sommer-Mobiliar. Garten-Punkte macht das Lokal mit dem Innenhof, der so klein ist, dass man ihn als lauschig bezeichnen kann – und einen ordentlichen Lärmpegel vertragen können muss –, aber so groß, dass man zwar eng sitzt, doch nicht nach Luft schnappen muss. Unter der Pergola und den Schirmen – bei Bedarf werden Heizstrahler aufgestellt – beginnt die Freiluftsaison früh und endet spät im Jahr. Die Traditionskneipe hat seit 1997 Pächter, die bei ihrem Antritt einiges umgestalteten, was zuvor zum „Föhl" zu gehören schien wie der Deckel zum gerippten Glas. Die Einrichtung haben sie behutsam und geschmackvoll entstaubt und vor allem an der Küche vieles geändert. Und zwar zum Guten. Heute gibt es die Ebbelwei- und Frankfurt-Klassiker von Handkäs' bis Haspel, aber interessanter sind die Tagesempfehlungen – immer mit einer Suppe –, denen man im Grunde blindlings folgen kann. Spitzenware sind die wirklich flachen Schweineschnitzel „Wiener Art" mit Salat und dünnen – außen knusprigen, innen weichen – Bratkartoffeln. Pommes gibt es nicht, und das soll bitte auch so bleiben.

APFELWEIN FÖHL
MARKTPLATZ 1
63263 NEU-ISENBURG

TEL. 06102 39669
FAX 06102 35440

MO-FR 17-24 UHR, SA 17-24 UHR
SO 12-24 UHR

WWW.APFELWEIN-FOEHL.DE

BESTES SCHNITZEL
WEIT UND BREIT

Forsthaus-Restaurant

NEU-ISENBURG

FORSTHAUS-TERRASSE
MIT TISCH AN DER WIESE

KIND & KEGEL | KÜCHE | PREISNIVEAU | AMBIENTE

Wenn der amerikanische Präsident in der Region ist oder die Witwe des ägyptischen, wenn es Sänger sind oder Sportler, die viel Auslauf brauchen, dann wohnen sie oft im „Kempinski"-Hotel zwischen Neu-Isenburg und Heusenstamm – und doch so nahe der Mainmetropole, dass es dorthin nur ein paar Minuten sind. Und nah ist auch ein riesiges Wiesenareal mit See und Schwan, denn das Hotel ist drumherum angelegt. Seit einiger Zeit kann man auch im „Forsthaus-Restaurant" wieder gut essen. Es ist die kulinarische High-Class-Abteilung des Hotels. Der verpachtete Schoppenhof, ein Lokal mit gesondertem Eingang in der weitläufigen Anlage, bietet die einfache Küche. Der „Forsthaus"-Service ist besonders freundlich, die Atmosphäre entspannt. Auf der Speisekarte steht, was gerne gegessen wird (Gerichte à la Wiener Schnitzel), neben Ambitioniertem (Jacobsmuscheln mit Sesamöl und Chili-Linguine, Entenbrust mit Aprikosenkompott). Im Sommer wird freitags und samstags von 18 Uhr an gegrillt, dann liegen ausgesuchte Steaks und Fische auf dem Feuer. Sonntags gibt es Brunch unter den schattenspendenden Laubbäumen, im Winter drinnen. Die jungen Besucher können sich, wenn sie satt sind, in einen „Spielsalon" zurückziehen. Dafür hat eine Tester-Crew vom Frankfurter Kinderbüro und der Hotel- und Gaststättenvereinigung dem Haus einen „Frankie" verliehen.

FORSTHAUS-RESTAURANT
IM KEMPINKSI-HOTEL
GRAF ZU YSENBURG
UND BÜDINGEN PLATZ 1
63263 NEU-ISENBURG
TEL. 069 389880, FAX 069 38988900
MO-FR 12-14.30 UND 18.30-23 UHR

WWW.KEMPINSKI-FRANKFURT.DE

LANDHAUS
FÜR JEDERMANN

Frankfurter Haus

NEU-ISENBURG

GENAU AN DER GRENZE

GUT & BÜRGERLICH

KÜCHE

PREISNIVEAU

AMBIENTE

Schon seit dem Ende des 19. Jahrhunderts können Ausflügler und Zecher das „Frankfurter Haus", ein historisches Waldgasthaus an der Gemarkungsgrenze zu Neu-Isenburg, aber gerade noch in Frankfurt gelegen, direkt mit der Straßenbahn ansteuern. Auch ohne den früheren Wirt Uli Mlcoch, der so bekannt ist wie ein bunter Hund, kann das Etablissement Trümpfe ausspielen: Für die, die doch mit dem Auto kommen, gibt es ausreichend Parkplätze, auf dem eigenen Gelände oder zur Not auch gegenüber, an der Endstation der Straßenbahn Linie 14. An der gemütlichen Inneneinrichtung des Gasthauses und erst recht im fast 2.000 qm großen Biergarten mit Kinderspielecke hat die neue Pächterin Monika Schwebel wenig geändert. Die Speisekarte ist bewusst klein gehalten, die Küche spielt in der Schnitzel-und-Salat-Liga – mit Betonung auf Frische. Bei Hitze spenden die alten Bäume und die Mammutschirme den zur Entspannung nötigen Schatten, und an regnerischen Tagen halten sie die Tropfen ab. Das Abendpublikum dominieren nach wie vor junge, schicke Menschen, während an Wochenenden Familienbetrieb überwiegt.

HISTORISCHER GASTHOF
FRANKFURTER HAUS
DARMSTÄDTER LANDSTRASSE 741
63263 NEU-ISENBURG

TEL. 06102 31466
FAX 06102 326899
TÄGLICH 12-1 UHR
WWW.FRANKFURTER-HAUS.DE

EIN BELIEBTER FLIRT-PLATZ

Tipp: Jennifer Knäble, Moderatorin (Guten Abend RTL/n-tv)

KAPITEL 3

Gießen & Umgebung

Künstlerhof Arnold

ALLENDORF/LUMDA

LÖWENTATZEN
IM SKULPTURENGARTEN

REGIONAL & ORIGINAL | KÜCHE | PREISNIVEAU | AMBIENTE

Ein Kleinod gilt es zu entdecken: Im verträumten Ortszentrum von Allendorf an der Lumda liegt der „Künstlerhof Arnold". In der ehemaligen Hofreite hat bis zu seinem Tod 1984 der 1897 in Beuern geborene Maler und Bildhauer Wilhelm Heidwolf Arnold gelebt und gearbeitet. Heute sind seine Werkstätten und sein Atelier zu besichtigen sowie im zauberhaften Innenhof einige seiner Plastiken, wie der plätschernde Fischbrunnen oder der Flötenspieler, zu bewundern. Die Bewirtschaftung liegt seit 2007 in den bewährten Händen von Pächterin Elisabeth Faber, die für bequeme Holzbestuhlung im gemütlichen Gastgarten mit dem großen, alten Walnussbaum gesorgt hat. Zusammen mit Chefkoch Rainer Kalmes hat sie die „Allendorfer Löwentatze" kreiert, benannt nach dem Allendorfer Löwen, einer bekannten Skulptur von Arnold. Die herzhaften Roggenfladen gibt es in drei Variationen – auch vegetarisch belegt – zum moderaten Preis von 5 Euro. Auch die Weinkarte ist ansprechend zusammengestellt. Zu den Spezialitäten zählen die leichte Hühnerbrust mit Salbei, Gnocchi und Salat sowie das süßsaure oberhessische Geschnetzelte, eine Mischung aus Schweinefleisch und Backobst. Sonntags wird ein Spezialitäten-Menü aus frischen regionalen Produkten und am Nachmittag die süße Tatze mit Früchten zum Kaffee serviert. Der Service unter Restaurantleiterin Susann Krieb ist angenehm aufmerksam. Und sollten die Gäste einmal von einem Regenschauer erwischt werden: Die einladend offen stehende Scheune bietet Platz für 20 Personen.

KÜNSTLERHOF ARNOLD
MARKTSTRASSE 7
35469 ALLENDORF/LUMDA
TEL. UND FAX 06407 905636

DI-SA 17-23 UHR
SO 11.30-22 UHR
MO RUHETAG

WWW.KUENSTLERHOF-ARNOLD.NET

Dünsberg-Raststätte

BIEBERTAL

DIE BROTZEIT
WILL VERDIENT SEIN

KIND & KEGEL | KÜCHE | PREISNIVEAU | AMBIENTE

Bereits 1899 wurde auf dem Gipfel des Dünsbergs jener Vermessungsturm errichtet, der alsbald als Wanderziel ausgemacht war. Bei gutem Wetter soll man 200 Kilometer weit blicken können. Die Brotzeit in der Dünsberg-Raststätte will allerdings verdient sein, denn das Auto muss am Parkplatz Krumbacher Kreuz zwischen Fellingshausen und Krumbach abgestellt werden. Hier erwartet den Wanderer eine beeindruckende Rekonstruktion eines Keltentores. Schließlich war der Dünsberg schon zur jüngeren Steinzeit besiedelt, drei Ringwälle legen davon noch heute Zeugnis ab. Vom Parkplatz aus zieht sich der Hauptweg langsam und in sanften Runden durch den Wald nach oben. Da der Weg geteert ist, haben selbst Familien mit Kinderwagen keine Probleme. Auch Mountainbiker wissen ihn zu schätzen, hier werden sogar Hessenmeisterschaften ausgetragen. Nach einer knappen Stunde bequemer Gehzeit – selbst Senioren mit Spazierstöcken scheuen den Aufstieg nicht – ist die Raststätte erreicht, die trotz mehrerer Erweiterungen ihren Hüttencharakter bewahrt hat. Draußen sitzen Jung und Alt auf rustikalen Holzbänken, die Kinder können sich am Klettergerüst austoben, Selbstbedienung ist erwünscht, denn Hüttenwirt Adolf Schäfer hat an sonnigen Ausflugstagen allerhand zu tun. Sein Rumpsteak erfreut sich großer Beliebtheit, ebenso die Käsespätzle und die Tiroler Speckplatte mit Brot und einem zünftigen Obstler.

DÜNSBERG-RASTSTÄTTE
35444 BIEBERTAL

TEL. 06409 7618

MI UND SA 13-22 UHR
SO 8-22 UHR
FEIERTAGE AB 10 UHR
MO, DI, DO, FR RUHETAGE

WWW.DUENSBERG.DE

Adria

GIESSEN

MEDITERRANE OASE
MIT KÜBELPFLANZEN

SZENE & TREND | KÜCHE | PREISNIVEAU | AMBIENTE

Eines der beständigsten italienischen Restaurants in Gießen ist das „Ristorante Pizza Adria". Bereits im November 1973 eröffnet, konnte das beliebte Lokal 2008 sein 35jähriges Bestehen feiern. Seitdem Assunta Parise-Bucci 1999 zusammen mit ihrem Mann Giovanni Bucci das Geschäft ihrer Eltern gänzlich übernommen hat, wurde renoviert und viel Geld in den geschmackvollen Ausbau investiert. 2002 wurde das Stammhaus durch einen luftigen Wintergarten erweitert, zwei Jahre später kam die Sommerterrasse hinzu. Mit sicherem Gespür für Einrichtungsdetails hat das überaus sympathische Ehepaar eine mediterrane Oase geschaffen, die schnell vergessen lässt, dass man eigentlich an einer belebten Straße sitzt. Sanft beruhigend plätschert ein originell konstruierter Brunnen, große Kübelpflanzen in Terrakotta-Töpfen schützen vor den Vorbeieilenden, und die eingedeckten Tische laden zum Verweilen unter den Sonnenschirmen ein. Unübertroffen: die selbst gemachten Nudeln, die in immer neuen Kreationen angeboten werden. Für ein überraschendes Geschmackserlebnis im Sommer sorgen beispielsweise die mit Mascarpone gefüllten Tortellini, zu denen eine erfrischende Erdbeersoße gereicht wird. Beliebt sind die Salatvariationen: „Punta Cana" mit Avocado und Fisch oder „Romana" mit Putenstreifen. Das Team – einige bedienen hier schon seit Jahren – ist aufmerksam, freundlich und flott. Die gleichbleibend gute Qualität wird von den Gästen geschätzt – eine Tischreservierung, auch für draußen, ist also empfehlenswert.

RISTORANTE PIZZA ADRIA
FRANKFURTER STRASSE 30
35392 GIESSEN
TEL. 0641 71731

MO, MI-SO 11-24 UHR
DI RUHETAG

UNÜBERTROFFEN:
DIE SELBST GEMACHTEN NUDELN

Knossos in der Pulvermühle

GIESSEN

TÄGLICH FRISCHER FISCH

SZENE & TREND | KÜCHE | PREISNIVEAU | AMBIENTE

Die Pulvermühle blickt auf eine 100jährige Geschichte zurück. 1995 wurde sie nach einem Pächterwechsel umgebaut. Innen freundlich und fantasievoll mit Zeichnungen im minoischen Stil eingerichtet, trägt sie seither den Namen ihres kretischen Vorbildes: Knossos. Kommt man aus der Innenstadt und hat die Sachsenhäuser Brücke überquert, ist es das einzige Gasthaus, das links von der Brücke exponiert an der Lahn liegt. Von der herrlichen Terrasse, die im Oktober 2007 mit edlen, hellen Platten neu gepflastert wurde, haben die Ausflügler einen wunderbaren Blick auf den Fluss und seine Vögel oder können die Kanuten beobachten. Bei kühleren Temperaturen sitzt man geschützt im Wintergarten und hat das fließende Wasser doch direkt vor der Nase. Seit Petros Kamargiannis den Traditionsbetrieb führt, hat die Küche eine erhebliche Qualitätssteigerung erlebt. Das wusste sogar die Zeitschrift „Der Feinschmecker" zu würdigen, die ihm 2000 eine Auszeichnung in der Rubrik „Beste ausländische Restaurants" überreichte. Eine Spezialität des Hauses ist der Fisch, der tagesfrisch auf dem Markt in Frankfurt eingekauft wird und dann auf geschmackvolle Weise – gerne auch im Ganzen gegrillt – zubereitet wird. Da er nicht auf der Speisekarte steht, sollte man das freundliche Servicepersonal unbedingt danach fragen. Wer keinen Fisch mag, kann die gegrillten Lammsteaks von der Hüfte probieren oder die „Florinis" als Vorspeise nehmen, das sind milde, rote Paprika – ebenfalls vom Grill –, in aromatischer Marinade eingelegt.

KNOSSOS IN DER PULVERMÜHLE
RODHEIMER STRASSE 11
35398 GIESSEN

TEL. 0641 63827
FAX 0641 65444

TÄGLICH 11.30-14.30 UHR
UND 17.30-24 UHR

WWW.KNOSSOS-GIESSEN.DE

Lahnterrasse im Ski- und Kanuclub

GIESSEN

LAGERFEUER ZUM SONNENUNTERGANG

SZENE & TREND | KÜCHE | PREISNIVEAU | AMBIENTE

Es war eine kluge Entscheidung, als sich die gemeinnützige ZAUG GmbH entschloss, im Februar 2007 ihr zweites Ausbildungsrestaurant zu eröffnen. Das Gartenlokal an der Lahn hatte durch häufige Pächterwechsel gelitten. Nun boomt es unter der Regie von Restaurantleiterin Julia Kessler. Kein Wunder, sitzt man an dieser Stelle des Flusses doch herrlich idyllisch, ja fast schon ein wenig abgeschieden und kann von der himmlischen Terrasse einen Blick auf das originelle Ausflugsschiff „Schlammbeiser" werfen. Diesseits der Lahn scheint die Sonne bis zu ihrem Untergang, und wer die wärmenden Strahlen im Gesicht spürt, träumt sich bei einem Glas Wein glatt hinweg in südlichere Gefilde. Das Konzept wechselnder, saisonaler Karten hat sich schon in Lich bestens bewährt. Neben vegetarischen Gerichten sind die Fischpfanne „Provence" und das Geschnetzelte von der Schweinelende in Salbeisahnesoße zu empfehlen. Jedes Gericht ist auch als kleine Portion erhältlich. An besonders schönen Tagen (z. B. am 1. Mai) nimmt das einfallsreiche Team der Lahnterrasse auch die Wiese direkt am Ufer in Beschlag, stellt Bierbänke auf und entzündet ein Lagerfeuer zur Livemusik.

LAHNTERRASSE
IM SKI- UND KANUCLUB
BOOTSHAUSSTRASSE 20
35390 GIESSEN
TEL. 0641 390361, FAX 0641 3012941
DI-FR AB 17 UHR
SA UND SO AB 11.30 UHR
MO RUHETAG
WWW.ZAUG.DE

LAHNTERRASSE

Tipp: Monika Neumaier, ZAUG-Geschäftsführerin

Schlosskeller

GIESSEN

IDYLLISCHER HOF
ZUM BOTANISCHEN GARTEN

GUT & BÜRGERLICH

KÜCHE

PREISNIVEAU

AMBIENTE

Zu den schönsten Gebäuden im ansonsten im Zweiten Weltkrieg völlig zerstörten Gießen zählt das Alte Schloss am Brandplatz. Ab 1330 von Landgraf Ludwig II. von Hessen zur Verstärkung der Stadtbefestigung errichtet, beherbergt es heute das Oberhessische Museum. In das alte Kellergewölbe ist ein stilvolles Restaurant eingezogen, das erfolgreich von Peter Haas geführt wird. Durch den Keller oder über die Außentreppe gelangt man in einen idyllischen Hof, der an den Botanischen Garten grenzt. 1609 – zwei Jahre nach Gründung der Universität – als „Hortus Medicus" (Heilpflanzengarten) angelegt, lohnt ein Spaziergang durch die Anlage. Moderne Skulpturen prägen das Plätzchen, an dem badische Spezialitäten (Maultaschen, Käsespätzle) aus der Heimat des Seniorchefs serviert werden. Von Sohn Frank unterstützt, weht ein mediterraner Wind durch die Küche, die mit dem „Sommernachtstraum" um die Gäste wirbt. Als Vorspeise wird ein weißes Tomatensüppchen mit Gin serviert, dann schmort der Juniorchef ein mallorquinisches Huhn, umhüllt mit Serranoschinken und Zucchini-Gemüse. Als Nachtisch gibt es Basilikumparfait an Erdbeersalat mit kandierten schwarzen Oliven.

SCHLOSSKELLER
BRANDPLATZ 2
35390 GIESSEN

TEL. 0641 38306
FAX 0641 34482

DI-SA 11.30-14.30 UND 18-22 UHR
SO 11.30-14.30 UHR
MO RUHETAG

WWW.SCHLOSSKELLER-GIESSEN.DE

Tipp: Volker Bouffier, Innenminister des Landes Hessen

Hawwerkasten

GIESSEN

WISSICHER PIZZA UND
BRUNOS BELLSCHUH

REGIONAL & ORIGINAL | KÜCHE | PREISNIVEAU | AMBIENTE

Der „Hawwerkasten" ist die Institution im Herzen Gießens. Seit mehr als 100 Jahren Treffpunkt der Studenten und Professoren, Richter und Anwälte, Ärzte und Bürgermeister, um ein frisch gezapftes Bier zu zischen. So erinnert sich Bundestagsvizepräsident Dr. Hermann Otto Solms nur allzu gerne an die urige Gaststätte, mit der er sich seit Studententagen verbunden fühlt. Seit September 1998 wird das Traditionslokal von Siglinde Jox-Meißner und ihrem Ehemann Bruno geführt – seitdem brummt der Laden drinnen wie draußen. Denn von Mai bis September stellt Bruno – um einen kessen Spruch nie verlegen – die hölzernen Wirtshaustische aufs Trottoir, und so hat man die herrlichste Ausschau auf flanierende Bürger, Hunde-Gassigeher und Möchtegern-Promis in ihren Coupés. Doch auch das, was auf den Teller kommt, ist interessant, denn hier wird noch (selten genug!) oberhessische Küche nach Wiesecker Art gepflegt: „Su wei's dei Omma gekocht hott!" So versteckt sich hinter der „Wissicher Pizza" ein deftiger Eierpfannkuchen mit Mettwurst und Speck, und „Bellschuh" ist ein Hackbraten „met Zwibbel ean Broadkadoffen". Nirgendwo wird die Grüne Soße so delikat und gehaltvoll zubereitet wie bei Bruno und seiner patenten Frau Siggi. Kalorienzähler sind hier fehl am Platz, die üppigen Portionen kaum zu schaffen. Manch strammer Kerl ist an der gegrillten Schweinshaxe (Rohgewicht: mindestens 1.200 Gramm!) gescheitert und brauchte anschließend dringend ein Destillat aus dem Hause Quambusch.

ZUM HAWWERKASTEN
LANDGRAF-PHILIPP-PLATZ 9
35390 GIESSEN
TEL. 0641 33466

MO-FR AB 16 UHR
SA AB 10.30 UHR
SO RUHETAG
WWW.HAWWERKASTEN.DE

PORTIONEN
FÜR STRAMME KERLE

Laubacher Wald

LAUBACH

BEULCHES
STATT BURGER

KIND & KEGEL | KÜCHE | PREISNIVEAU | AMBIENTE

Mitten im Naturpark Hoher Vogelsberg können Erholungsuchende im Gasthaus „Laubacher Wald" die pure Waldluft genießen und sich dabei von Wirt Udo Schmidt und seinem properen Bedienungspersonal kulinarisch verwöhnen lassen. „Lieber erstklassig hessisch als zweitklassig international" lautet seine für die Küche ausgegebene Devise. Der Mann weiß, wovon er spricht und engagiert sich ebenfalls bei „Hessen à la carte". Rigoros fordert er: „Beulches statt Burger, Bratkartoffeln statt Bomm Fritz, Apfelsaft statt Cola, Vogelsberg statt Mallorca!" Beulches, dahinter versteckt sich ein Vogelsberger Regionalgericht: Ein spezieller Knödelteig wird im Leinensäckchen gegart, dazu gibt's eine weiße Speckrahmsoße und Apfelmus mit Preiselbeeren. Bereits in der dritten Generation führt Udo Schmidt dieses traditionelle Ausflugslokal, das von seinem Großvater vor neun Jahrzehnten in der Nähe der damaligen Bahnstation Gonterskirchen errichtet wurde. Während die Männer im Sägewerk arbeiteten, kümmerten sich die Frauen der Familie Schmidt um die Gaststätte, die sich über all die Jahre von einer Flaschenbierwirtschaft über eine Fremdenpension für „Luftschnäpper" zu einem gutbürgerlichen Restaurant mit Komfortzimmern entwickelte. Vor der Straße geschützt sitzt man nach hinten hinaus auf drei Terrassenebenen, bei denen an schönen Sommertagen jeder Platz belegt ist. Kinder können in Ruhe im Sandkasten oder auf dem Rasen spielen, während ihre Eltern die herrliche Abendsonne genießen.

LAUBACHER WALD
35321 LAUBACH

TEL. 06405 91000
FAX 06405 910050

MO, MI, DO 8-14 UHR
UND 17-24 UHR
FR-SO 8-24 UHR
DI RUHETAG

WWW.LAUBACHER-WALD.DE

Landgasthaus Waldschenke

LAUBACH-FREIENSEEN

SLOW-FOOD VOM BIOLANDHOF

EDEL & FEIN | KÜCHE | PREISNIVEAU | AMBIENTE

Die kulinarische Krönung Laubachs ist im Ortsteil Freienseen zu entdecken: in dem von außen unspektakulär wirkenden „Landgasthaus Waldschenke". Betritt man das Reich von Axel Horn und seiner zauberhaften belgischen Gattin Ingrid-Michèle, ist man bereits von der geschmackvollen Dekoration entzückt, die sich im verspielten Garten aufs Angenehmste fortsetzt. Hier plätschern kleine Brunnen zwischen Blumenstauden im mediterran gestalteten Ambiente. Ein offenes Vorzelt schützt die mit gestärkten Servietten und Hussen über den Stühlen fein eingedeckten Tische vor möglichem Regen. Wer hier speisen will, sollte vorbestellen, denn längst hat sich der Ruf Axel Horns bis nach Frankfurt herumgesprochen. Axel Horn, der sein Handwerk in Frankreich und Belgien gelernt hat, hat sich der Idee der Slow-Food-Vereinigung angeschlossen. So wird das Rindfleisch von einem örtlichen Bioland-Hof geliefert, in Nachbarschaft betreibt ein Händler eine Bio-Pilzzucht, und das Zicklein soll der Pfarrer von Freienseen schon mal persönlich vorbeibringen. Zahlreich sind die Auszeichnungen des unkompliziert wirkenden Chefs und seines engagierten Service-Teams. Und schon allein das Studium der Speisekarte lässt jedem Gourmet das Wasser im Mund zusammenlaufen. Eine Kostprobe gefällig? Ziegenkäse mit frischen Feigen im Ofen überbacken, hausgemachte Gänsestopfleber mit Cassis-Zwiebelkompott, Rumpsteak vom Freienseener Biolandrind mit Shiitake-Pilzkruste. Das ist dann schon einen besonderen Anlass wert!

LANDGASTHAUS WALDSCHENKE
TUNNELSTRASSE 42
35321 LAUBACH-FREIENSEEN

TEL. 06405 6110
FAX 06405 500155

DI-SO 11.30-14 UHR
UND 18-22 UHR

MO (AUSSER FEIERTAGE) RUHETAG

WWW.
LANDGASTHAUS-WALDSCHENKE.DE

Zur Hirschfrikadelle

LAUBACH

SCHLOSSBIER
AUF IMPOSANTEM ADELSSITZ

REGIONAL & ORIGINAL | KÜCHE | PREISNIVEAU | AMBIENTE

Zu einem reizvollen Anziehungspunkt allererster Güte hat sich das Schloss in Laubach entwickelt. Kein Wunder, haben doch die Gräfin und der Graf zu Solms-Laubach viel Geld in den geschmackvollen Erhalt und Ausbau der historischen Gebäude ihres umfangreichen Adelssitzes investiert. Die „Internationale Opernwerkstatt" hat sich als anerkannte Talentschmiede für junge Sängerinnen und Sänger etabliert, die Schlossgalerie lockt mit wechselnden Ausstellungen und das Hessische Bluesfestival „Blues, Schmus und Apfelmus" findet jährlich im August im romantischen Schlosspark statt. Wenn man auf dem lauschigen Innenhof mit standesgemäßer Freitreppe zum Schlosspark Platz genommen hat, schweift der Blick an uralten, grün umrankten Gemäuern empor. „Zur Hirschfrikadelle" hat Karl Georg Graf zu Solms-Laubach diesen wunderbaren Gastgarten genannt, in dem ein eigens gebrautes, dunkles Schlossbier ausgeschenkt wird. Auf der Weinkarte greift man auf adelige Kollegen aus dem Rheingau (Prinz von Hessen und Landgraf von Hessen) zurück sowie auf die exzellenten Frankenweine aus dem Hause Castell-Castell. Natürlich kommt der Name nicht von ungefähr, denn Wild aus den gräflichen Wäldern gehört zu den Spezialitäten des gepflegten Hauses. Hirsch- und Gamsschinken, Hirschsalami und Gamskaminwurzen kann man auch für daheim erwerben. Doch die mittelalterlich aufgemachte Speisekarte zwischen zwei Holzdeckeln mit Lederverschluss birgt noch manch weitere lukullische Verführung.

ZUR HIRSCHFRIKADELLE
SCHLOSS LAUBACH
35321 LAUBACH
TEL. 06405 910428
FAX 06405 910429

DI-SO 12-24 UHR
MO RUHETAG

WWW.SCHLOSS-LAUBACH.DE

Alte Klostermühle

LICH-ARNSBURG

HESSEN À LA CARTE – BETRIEB DER ERSTEN STUNDE

GUT & BÜRGERLICH | KÜCHE | PREISNIVEAU | AMBIENTE

Hat man das barocke Portalhaus durchquert, werden die Parkplätze für Cabrio-Fahrer knapp. Denn seit 1972 sorgt im Kloster Arnsburg die Familie Gütlich in der „Alten Klostermühle" – das Fachwerkhaus wurde 1672 errichtet und sorgfältig renoviert – und im benachbarten „Alten Brauhaus" für gepflegte Gastlichkeit. Patron Klaus Gütlich engagiert sich für den Nachwuchs und gehört seit der ersten Stunde der „Hessen à la carte"-Kooperation an, was sich natürlich in der Speisekarte widerspiegelt. So ist die Variation vom hessischen Weidelamm (vom Tannenhof in Reiskirchen) ebenso zu empfehlen wie die halbe knusprig gebratene Bauernente. Im Biergarten werden den Tag über auch kleinere Speisen von der Vesperkarte sowie Kaffee und Kuchen gereicht. In der anspruchsvollen Küche werden vorzugsweise frische Produkte aus der Region verarbeitet. Die Wildgerichte stammen aus heimischer Jagd in einem Umkreis von 50 Kilometern. An sonnigen Wochenenden sind Sitzplätze unter den über 200 Jahre alten Linden und Kastanien rar. Kinder können auf dem nahen Spielplatz toben. Besonderer Beliebtheit erfreuen sich die montäglichen Grillabende am „Alten Brauhaus".

ALTE KLOSTERMÜHLE
KLOSTER ARNSBURG
35423 LICH-ARNSBURG

TEL. 06404 9190
FAX 06404 919091
TÄGLICH 7-24 UHR

WWW.ALTE-KLOSTERMUEHLE.DE

Tipp: Dr. Hermann Otto Solms, Vizepräsident des Deutschen Bundestags

Waldklause

LINDEN-LEIHGESTERN

STEAKS WERDEN ÜBER OFFENEM FEUER GEGRILLT

GUT & BÜRGERLICH

KÜCHE

PREISNIVEAU

AMBIENTE

In zweiter Generation von Georg Häuser geführt, ist die „Waldklause" (mit entsprechenden Parkplätzen) idealer Ausgangspunkt für ausgedehnte Wanderungen in gesunder Waldluft und lädt im Anschluss an den Spaziergang zu einer gepflegten Einkehr ein. Bei schönem Wetter wird auf der mit allerlei Blumen dekorierten Terrasse serviert, auf der man in Ruhe die Spezialitäten des 1965 gegründeten Hauses genießen kann. „Gehoben, aber nicht abgehoben" lautet das Motto des Chefkochs Häuser (Jahrgang 1965), der sein Handwerk beim „Erbprinz" in Ettlingen, in der Schweiz und in Kanada sowie bei Sternekoch Hans Haas lernte. Da die Gerichte frisch zubereitet sind, wird die Speisekarte saisonal zusammengestellt und bietet für jeden Geschmack das Richtige. Einzigartig munden Steaks und verschiedene Spieße, die über offenem Buchenfeuer gegrillt werden und mit Baked Potatoes und weiteren Beilagen auf den Teller kommen. Dabei werden nicht nur klassische Varianten von Lamm, Rind und Schwein offeriert, Häuser – Neuem gegenüber stets aufgeschlossen – experimentiert mit Springbock- und Straußenfilet (sehr mager!) aus Südafrika oder mit seltenen Fischsorten wie Blue Marlin. Die Weinkarte präsentiert sich ansprechend, und auch Freunde des gezapften Gerstensaftes kommen auf ihre Kosten. Übrigens: Der umtriebige Georg Häuser gibt sein kulinarisches Wissen gerne in regelmäßig stattfindenden Kochkursen weiter. Im Herbst 2003 eröffnete der engagierte Inhaber in Gießen sein zweites Lokal: das „Kleine Häusers".

RESTAURANT WALDKLAUSE
SUDETENLANDSTRASSE 12
35440 LINDEN-LEIHGESTERN

TEL. 06403 61148
FAX 06403 68546

MI-SA AB 18 UHR
SO 12-14 UHR UND AB 18 UHR
MO UND DI RUHETAGE

WWW.WALDKLAUSE.DE

Schmelz-Mühle

LOLLAR-SALZBÖDEN

EIN BACH PLÄTSCHERT
DURCH DEN BIERGARTEN

KIND & KEGEL	KÜCHE	PREISNIVEAU	AMBIENTE

Für Wanderer und Radfahrer ideal zu erreichen, liegt mitten im Krofdorfer Forst die romantische „Schmelz-Mühle". In vierter Generation wird das gepflegte Fachwerkanwesen von Familie Jung bewirtschaftet. Die sympathische Chefin Birgitt Jung (gebürtige Hoß) hat das Ausflugslokal zusammen mit ihrem Mann Herbert in den vergangenen Jahren sukzessive ausgebaut und modernisiert. Von der Familie Hoß 1924 als Einnahmequelle zusätzlich zur Landwirtschaft eröffnet, wandelte sich die Sommerwirtschaft 1964 durch einen Neubau zum ganzjährigen Ausflugsziel im Salzbödetal. Damals wollte übrigens kaum jemand beim Essen draußen sitzen, erinnert sich Birgitt Jung. Heute weist der großzügige Gastgarten beim Backhaus sogar ein Selbstbedienungsteil für Getränke, frische Brezeln und andere Kleinigkeiten aus, so dass Eltern ihre Kinder auf dem Spielplatz immer gut im Auge behalten können. Da der Service im Restaurant flink ist, die Küche vielversprechend klingt und die Tische freundlich eingedeckt sind, steht einer gemütlichen Einkehr nichts im Wege. Frische Forellen sind eine der Spezialitäten des Hauses, das Gemüse und Geflügel aus biologischem Anbau verwendet. „Bei uns gibt es keine Pommes frites." Darauf legt die Chefin Wert. Hier können die kleinen Gäste noch erfahren, wie gut frisches Gemüse mit Kartoffeln und Soße schmeckt. Für die Großen empfiehlt sich das Wild aus heimischer Jagd oder ein Kräutermenü. Auf der Weinkarte finden sich ausgesuchte Tropfen aus dem Rheingau, der Pfalz und vom Bodensee.

SCHMELZ-MÜHLE
SCHMELZ 3
35457 LOLLAR-SALZBÖDEN

TEL. 06406 3419
FAX 06406 74620

MI-MO AB 11.30 UHR
DI RUHETAG

WWW.SCHMELZ-MUEHLE.DE

Burg Gleiberg

WETTENBERG-KROFDORF-GLEIBERG

WAHRZEICHEN
DES GLEIBERGER LANDES

EDEL & FEIN | KÜCHE | PREISNIVEAU | AMBIENTE

Auf Burg Gleiberg hat Theo Friedrich, der über Jahre hinweg erfolgreich das „Anneroder Mühlchen" führte, seit Juli 2006 seine neue Heimat gefunden. Seitdem hat sich viel getan an dem historischen Gebäude, das nach zeitgemäßer Renovierung kaum wiederzuerkennen ist und geschickt moderne Elemente mit alten Gemäuern verbindet. Auch die geschützte, zum Teil überdachte Terrasse sucht ihresgleichen in der Region, hat man doch von hier einen fantastischen Rundblick auf die Schönheit des Gleiberger Landes. Der Gast sitzt an gepflegt eingedeckten Tischen und kann sich von Chefkoch Friedrich kulinarisch verwöhnen lassen. So findet sich auf der ansprechenden Sommerkarte beispielsweise ein ganzer Loup de Mer, den Friedrich in der Folie gart und mit Blattspinat und Reis serviert. Oder auch ein Kalbsfilet auf Pfifferlingen mit feinen Nudeln. Und Theos Fischsuppentopf erfreut sich, wie Ehefrau Kerstin berichtet, schon seit Jahren großer Beliebtheit. Mit Hummer und Seezunge kommt der Gourmet hier auf der À-la-carte-Terrasse garantiert auf seine Kosten – natürlich zu dementsprechenden Preisen. Kein Wunder, dass dieses herrliche Ambiente bei Hochzeiten besonders beliebt ist, können sich Brautpaare doch direkt auf der Burg in einem eigenen Zimmer vom Standesbeamten trauen lassen. Außerdem gibt's im sogenannten Nassauer Bau der Burg einen großen Rittersaal von 1882, der Platz für 200 Personen bietet. Wer es etwas einfacher und rustikaler liebt, der sei auf die „Albertusklause" auf demselben Gelände verwiesen.

BURG GLEIBERG
BURGSTRASSE 90
35435 WETTENBERG

TEL. 0641 81444
FAX 0641 86682

E-MAIL: BURG@THEOS-GIESSEN.DE

DI-SO 12-14 UND AB 18 UHR
MO RUHETAG

WWW.BURG-GLEIBERG.DE

Naunheimer Mühle

WETZLAR-NAUNHEIM

HISTORISCHES FLAIR
AN DER WEHR

EDEL & FEIN | KÜCHE | PREISNIVEAU | AMBIENTE

Zahlreiche Um- und Anbauten haben die ehemalige Mühle, die bis 1972 noch in Betrieb war und 1457 zum ersten Mal urkundlich erwähnt wurde, zu einem wahren Schmuckstück an der Lahn gemacht. Gäste, die rund 20 Kilometer auf gut präparierten Wegen von Gießen kommend an den Heuchelheimer Seen vorbei – und an der Lahn entlangradeln, haben bei ihrer Einkehr in der „Naunheimer Mühle" die Qual der Wahl. Denn inzwischen hat die großzügige Anlage gleich drei Freisitze zu bieten: im hübsch eingedeckten Innenhof (der nachmittags im Schatten liegt), auf der erhöhten Aussichtsterrasse zur lebhaften Lahnwehr und direkt am Ufer bis zum herrlichen Sonnenuntergang. Von hier können allerlei Vögel beobachtet werden, denn der natürliche Verlauf der Lahn liegt im Naturschutzgebiet. Die Küche lässt ebenfalls keine Wünsche offen. Durchgehend kann man aus der Vesperkarte deftig belegte Brote, Suppen und Salate bestellen. Umfangreich präsentiert sich die große Karte zur Mittags- und zur Abendzeit. Wie schon die „Alte Klostermühle", gehört auch die „Naunheimer Mühle" der Gastronomen-Kooperation „Hessen à la carte" an, die frische Produkte aus der Region verarbeitet. So wird Zwiebelrostbraten vom Muschenheimer Weideochsen ebenso serviert wie Ochsenbrust im Wurzelsud oder Braten vom hessischen Damhirsch mit frischen Pfifferlingen in Rahm. Auf der ansprechenden Fischkarte ist ein „Zanderfilet" in Speckbutter gebraten ebenso zu finden wie eine „Mixed Grillplatte von Edelfischen und Garnelen".

NAUNHEIMER MÜHLE
MÜHLE 2
35584 WETZLAR-NAUNHEIM

TEL. 06441 93530
TAX 06441 935393

E-MAIL: NAUHEIMER-MUEHLE@
T-ONLINE.DE

TÄGLICH 10-23 UHR

WWW.NAUNHEIMER-MUEHLE.DE

KAPITEL 4

Hanau, Offenbach & Umgebung

Zur Pferdetränke

EGELSBACH

GARTEN
AN DER KOPPEL

KIND & KEGEL | KÜCHE | PREISNIVEAU | AMBIENTE

Zwei Lokale, nahe beieinander und doch ganz anders. In der Stadt ist das nicht ungewöhnlich, am Egelsbacher Flugplatz schon eher. Gut so. Wer es schicker mag, geht ins „Schuhbeck's Check Inn" mit Terrasse zum Rollfeld. Wer es uriger möchte, kehrt gegenüber dem Flugplatz-Areal ins Landhaus „Zur Pferdetränke" ein: ein Hof mit Pferdeboxen und Gaststätte. In die „Pferdetränke" kommen Radfahrer, Wanderer, Flieger und natürlich Egelsbacher, Großmütter mit ihren Enkeln zum Beispiel oder kleine Gruppen, von denen man annimmt, dass sie ein gemeinsames Hobby und heute ihren geselligen Nachmittag haben. Drinnen und draußen ist es hellholzig-rustikal ohne bestimmten Stil. Die von der Straße aus nicht zu sehende Terrasse, im Sommer schön eingewachsen, grenzt an die Koppel und an ein Vogelgehege. Ein dekorativer Hahn stolziert schon mal zwischen den Tischen herum; der Pfau des Hauses sitzt meistens auf dem Dach neben dem Eingang und lässt seine Federn herunterhängen. Dazu gibt es ein von der italienischen Einfach-Küche dominiertes Angebot an Pizzen, Nudeln und Caprese-Salat, letztgenannter mit überraschend fruchtigem Olivenöl; auch Kaffee und Kuchen.

LANDHAUS ZUR PFERDETRÄNKE
HANS-FLEISSNER-STRASSE 105
63329 EGELSBACH

TEL. 06103 2023671
FAX 06103 2023681

DI-SO 11-23 UHR
MO RUHETAG

WWW.LANDHAUS-PFERDETRAENKE.DE

ZIEL ODER ETAPPE
VIELER RAD-AUSFLÜGLER

Schuhbeck's Check Inn

EGELSBACH-FLUGPLATZ

ESSEN MIT PISTENBLICK

KIND & KEGEL | KÜCHE | PREISNIVEAU | AMBIENTE

Am ungewöhnlichen Großlokal mit Hausbrauerei, Bar und Biergarten ist der bayerische Fernsehkoch Alfons Schuhbeck als Namensgeber und Mitgeschäftsführer beteiligt. Mit der Devise „Für jeden Geschmack und Geldbeutel das Richtige" angetreten, funktioniert der Küchenspagat mit „Hausmannskost für Feinschmecker" bestens. Ob Pizza aus dem Steinofen, Wiener Schnitzel, krosse Ente oder geeister Kaiserschmarrn: Alle sind längst Check-Inn-Klassiker. Daneben ist das hausgebraute Bier *die* Attraktion: Drei Sorten gibt's immer, dazu je ein Saisonbier. Auch zum Mitnehmen. Der zweistöckige Hangar grenzt direkt ans Flugfeld des größten deutschen Verkehrsflugplatzes für Privatjets: Flugverkehr „zum Anfassen" von der Terrasse oder durch die hohen Fenster. Drinnen kreist das Modell einer Propellermaschine, während die Holzverkleidung aus 300 Jahre alten Bauernhäusern stammt. In die Bar hinauf führt eine dekorative Wendeltreppe; dort ist „bis in die Puppen" geöffnet. Im Sommer geht der Außengrill im Biergarten in Betrieb. Dann finden am Mini-Airport regelmäßig Grill- und Sommerfeste sowie Livemusikveranstaltungen statt. Ohne Reservierung führt abends (Mi-Sa) und für den Sonntagsbrunch kein Weg zum gedeckten Tisch. Beliebt sind auch die Packages aus „Flug und Einkehr" (zum Beispiel 30 Helikopter-Minuten plus Brunch).

SCHUHBECK'S CHECK INN
FLUGPLATZ EGELSBACH
63329 EGELSBACH-FLUGHAFEN

TEL. 06103 4859380

MO-SA 11-24 UHR
SO 11-23 UHR

WWW.SCHUHBECKS-CHECK-INN.DE

FLUGZEUGE
ZUM ANFASSEN

Thomashütte

EPPERTSHAUSEN

ALLE FUTTERN,
KINDER FÜTTERN

KIND & KEGEL | KÜCHE | PREISNIVEAU | AMBIENTE

Seit dem 18. Jahrhundert ist die ehemalige Ziegelhütte an der „Hohen Straße", die einst den Odenwald mit Frankfurt verband, ein Gasthaus. So wie früher wird noch heute selbst gekeltert und es gibt feinste hausgemachte Wurst. Unter Walnuss- und Ahornbäumen können bis zu 500 Gäste auf dem weitläufigen Gelände im Freien sitzen. In einem Teil des Gartens wird bedient, in einem anderen ist Selfservice. Zur Thomashütte kommen Ausflügler mit dem Fahrrad, aber auch von weither mit dem Auto. Ringsum sind Wald und Wiesen, zum Gelände gehört ein Spielplatz mit Sand, Schaukeln und Wippen. Kinder können Ziegen, Schweine und den Esel füttern, im Heu spielen und an den Wochenenden Pony reiten. An der von der Sonne aufgeheizten Hausmauer sitzt man bis in den späten Herbst hinein windgeschützt. Nach der Apfelernte wird jedes Jahr ein Kelterfest gefeiert. Geboten wird vorwiegend deutsche Küche, nachmittags Kuchen. Der Service tritt zwar in Kompanie-Stärke auf, trotzdem ist er oft an der Grenze der Koordinationsfähigkeit, oder Küche und Ausschank bewältigen kaum mehr den Ansturm. Fakt ist: Das Publikum liebt den grünen Platz – vielleicht gerade wegen des Trubels.

GUTSHOF THOMASHÜTTE
AUSSERHALB 3
64859 EPPERTSHAUSEN

TEL. 06071 31850
FAX 06071 38889

TÄGLICH 11-23 UHR

WWW.GUTSHOF-THOMASHUETTE.DE

FAST GANZJÄHRIG
TISCHE IM FREIEN

Brücke-Ohl

GROSS-UMSTADT

ODENWÄLDER WEINE

GUT & BÜRGERLICH | KÜCHE | PREISNIVEAU | AMBIENTE

Hier an den lieblicheren Südhängen des vorderen Odenwalds gedeihen auf Löss-Lehmboden und Quarzporphyr fruchtige und rassige Weine. Die Gegend um Groß-Umstadt gilt als Deutschlands kleinstes Weinanbaugebiet. Die hiesigen Weine sind bei Kennern geschätzt – getreu dem Motto: klein, aber fein. Zu den bekanntesten Weingütern der Region zählt das Gut „Brücke-Ohl", das eigene Weine seit dem Anfang des vergangenen Jahrhunderts in der eigenen Gastwirtschaft in der Altstadt anbietet. Vor dem malerischen Fachwerkbau sitzt man zwar direkt an einer befahrenen Straße, doch dämpfen Blumenkübel die Geräusche etwas ab, Bäume und Sonnenschirme spenden Schatten an heißen Sommertagen. Die Wirtschaft wird betrieben von Martha und Anton Deigner, die der Küche einen schwäbischen Akzent geben, zum Beispiel mit den hausgemachten Spätzle. Die Speisekarte bietet hauptsächlich gutbürgerliche Gerichte: So gibt es etwa die Schweinelende mit Kirschpfeffersoße oder das Brückensteak mit Speckböhnchen und – als regionale Spezialität – „Odenwälder Gebruzzeltes" vom Kalb- oder Schweinefleisch in deftiger Soße. Und dazu wird natürlich, wie schon gesagt, ein gutes Glas Wein aus dem eigenen Anbau serviert. So klein das Anbaugebiet auch ist, es bringt doch eine erstaunliche Vielfalt hervor: Sogar ein Schwarzriesling, ein Chardonnay und ein Gewürztraminer sind darunter.

RESTAURANT UND WEINSTUBE
BRÜCKE-OHL
GEORG-AUGUST-ZINN-STRASSE 23
64823 GROSS-UMSTADT
TEL. 06078 73384
TÄGLICH 11.30-14.30 UHR
UND 17.30-24 UHR
WWW.WEINGUT-BRUECKE-OHL.DE

KLEINES, FEINES WEINBAUGEBIET

Farmerhaus

GROSS-UMSTADT

SPANNENDE GENUSSREISE DURCH SÜDAFRIKA

SZENE & TREND	KÜCHE	PREISNIVEAU	AMBIENTE

„Karibuni" heißt „Willkommen" auf Swahili und ist das Motto der Familie Schodlock, die das „Farmerhaus" bereits in zweiter Generation betreibt. Inmitten der südhessischen Weinberge hat sie einen Ort geschaffen, an dem man für einen Abend in die exotische Welt Afrikas eintauchen kann. Einer afrikanischen Lodge nachempfunden, kommen nur Gerichte aus dem schwarzen Kontinent auf den Tisch. So findet man auf der Karte neben Springbockrücken auch Straußenfilet, Krokodilsteaks, Impala-Rücken und Zebramedaillons. Vor allem der Südafrika-Neuling ist gut beraten mit den Cape-Tapas: Diese Vorspeisenplatte bietet unter anderem Biltong (getrocknetes Fleisch) in einer harmonischen Kombination mit Kartoffelsalat und kaltem Roastbeef. Ein Klassiker der südafrikanischen Küche ist der Hackfleisch-Auflauf „Bobotie", serviert mit einer cremigen Currysoße, dazu schmeckt ein süffiges Windhoek Lager. Die offenen Weine stammen alle aus südafrikanischen Anbaugebieten (6 bis 8,50 Euro). Ein Tipp für Einsteiger ist auch die Etosha-Pfanne: Mit 36 Euro ist sie zwar etwas teurer, dafür sind die drei Sorten Fleisch (Springbock, Strauß und Kudu) abwechslungsreich und wohlschmeckend. Die gute Küche wissen mittlerweile viele Stammgäste zu schätzen, zu denen unter anderen auch der Musiker Carlos Santana zählt. Lässt man hier auf der Terrasse den Abend ausklingen, könnte man mit ein wenig Fantasie meinen, man befände sich am Kap der Guten Hoffnung.

FARMERHAUS
AM FARMERHAUS 1
64823 GROSS-UMSTADT

TEL. 06078 911191

DI-SA AB 18 UHR

WWW.FARMERHAUS.DE

„KARIBUNI" IM HESSISCHEN WEINBERG

Zum Wilhelm

HANAU

WO ES NOCH
WIE BEI GROSSMUTTER SCHMECKT

REGIONAL & ORIGINAL | KÜCHE | PREISNIVEAU | AMBIENTE

Gastwirt Patrick Zwergel hat aus dem ehemaligen Bahnhof in Hanau-Wilhelmsbad nach monatelangem Umbau eine wirklich tolle Location wunderbar wiedererschaffen. Seine kulinarische Devise im „Zum Wilhelm" lautet: regional und saisonal! Die typisch hessischen Gerichte werden frisch zubereitet und das eine oder andere stammt tatsächlich noch aus Omas Rezeptbuch. Darunter deftige Klassiker, die die Hessen aus Kindertagen kennen. So genießt man sommers im lauschigen Biergarten Typisches aus der Region wie beispielsweise die Hessische Kartoffelsupp' mit Brot (4,50 Euro) oder Omas Sülze mit Bratkartoffeln (7,90 Euro) als Vorspeisen. Auch die Hauptgerichte stammen aus der traditionellen hessischen Küche: So darf die Frankfurter Grüne Soße mit Pellkartoffeln (7,90 Euro) auf gar keinen Fall fehlen und auch der „Kesselquatsch" (Haschee mit Nudeln) wird gerne genommen. Dazu gibt's einen Schoppen oder ein frisch gezapftes Bier vom Fass. Und auch heimische Weine, die mit den Gerichten korrespondieren, stehen auf der Karte. Im Biergarten gibt es verschiedene Bereiche, wo man sich niederlassen kann: für die Trendbewussten moderne Loungemöbel oder rustikale Holzbänke und Tische für die Traditionalisten. Auch an eine Spielecke, in der sich die Kinder die Zeit vertreiben können, hat man gedacht.

GASTHAUS ZUM WILHELM
BAHNHOF/WILHELMSBAD
BURGALLEE 127
63452 HANAU
TEL. 06181 840300
MO-SA 11-24 UHR
SO 10-24 UHR
WWW.ZUMWILHELM.DE

ALTE REZEPTE
IN NEUEM GEWAND

Restaurant Jagdhaus

HANAU-KLEIN-AUHEIM

KULINARISCHER HÖHEPUNKT
EINES JEDEN AUSFLUGS

KIND & KEGEL | KÜCHE | PREISNIVEAU | AMBIENTE

Der Wildpark „Alte Fasanerie" in Klein-Auheim bei Hanau ist ein sehr beliebtes Ausflugsziel – vor allem für Familien und Naturfreunde. Von diesem privilegierten Platz aus kann man Waschbären, Elche, Polarfüchse, Eulen und viele andere Wildtiere in geschützter Umgebung beobachten und einiges über sie lernen. Ein Pfad der häufigsten Waldirrtümer vermittelt spielerisch Wissen über ökologische Zusammenhänge und Hintergründe. Das malerisch gelegene „Jagdhaus" ist in der alten Fasanerie untergebracht, die 1705 von Kurfürst und Erzbischof Lothar Franz von Schönborn als Jagdsitz gegründet wurde. Vis-à-vis zum Wildpark kann man im schön möblierten und bepflanzten Biergarten des Restaurants pausieren und sich an den Speisen der gutbürgerlichen Küche stärken. Die Karte wird immer wieder neu aufgelegt und bietet schmackhafte saisonale Highlights mit marktfrischen Zutaten. So ist die Verknüpfung von einem Spaziergang durch den Wildpark und einem Restaurantbesuch im „Jagdhaus" die Garantie für einen herrlichen Ausflugstag. Wem das noch nicht ausreicht, der kann zur Abrundung des Programms einen aufregenden Kletterparcours von Baum zu Baum im Waldseilpark in unmittelbarer Nähe wagen.

RESTAURANT JAGDHAUS
FASANERIESTRASSE 106
63456 HANAU
TEL. UND FAX 06181 969292

TÄGLICH 12-22 UHR
SO AB 11, FR UND SA BIS 23 UHR
RUHETAGE NOV.-MÄRZ: MO UND DI
RUHETAGE APR.-OKT.: MO

WWW.RESTAURANT-JAGDHAUS-ALTE-FASANERIE.DE

Hotel Birkenhof

HANAU-STEINHEIM

GUT GESTÄRKT
FÜRS AUGENMERK

GUT & BÜRGERLICH | KÜCHE | PREISNIVEAU | AMBIENTE

Das von der Familie Fichtner geführte Vier-Sterne-Haus „Birkenhof" liegt in einem kleinen Park am Ortsrand von Hanau. Das im englischen Landhausstil erbaute Hotel verfügt über eine große Sonnenterrasse, von der man den wunderschönen Park überblickt. Im Biergarten serviert der freundliche Service regionale Küche mit mediterranen Akzenten. Die kreative, regelmäßig wechselnde Karte bietet Klassiker wie Schnitzel und Rumpsteak, aber auch Ausgefalleneres wie beispielsweise die „Variation vom Zicklein mit jungem Lauch und gebackener Polenta" (19,50 Euro). Großen Wert legt die Inhaber-Familie auf frische Zutaten, die größtenteils von regionalen Erzeugern stammen. Darüber hinaus bietet die Getränkekarte eine Vielzahl an heimischen und internationalen Weinen und Spirituosen – zum Sonnenuntergang kann man außerdem wunderbar einen Cocktail schlürfen. Bekannt ist das üppige Schlemmer-Frühstück im „Birkenhof", mit allem was das Herz begehrt. Es wird bequem am Tisch serviert, sodass einem das lästige Schlangestehen am Buffet erspart bleibt. So gestärkt, kann man nun Ausflüge in die Umgebung starten: Einen Besuch ist jedenfalls die gut drei Gehminuten entfernte Steinheimer Altstadt wert, deren Bild von wunderschön restaurierten Fachwerkhäusern geprägt wird. Auch für eine Tour durch die hessische Apfelweinstraße ist der „Birkenhof" ein guter Ausgangspunkt.

HOTEL BIRKENHOF
VON-EIFF-STRASSE 37 + 41
63456 HANAU

TEL. 06181 64880
FAX 06181 648839

E-MAIL: INFO@HOTELBIRKENHOF.DE

KÜCHE MO-FR
11.30-14 UHR UND 18-22 UHR
SO 11.30-14 UHR

WWW.HOTELBIRKENHOF.DE

Druckhaus

HANAU-STEINHEIM

AUSDRÜCKLICH
OHNE DRUCK

KIND & KEGEL | KÜCHE | PREISNIVEAU | AMBIENTE

Schon die Druckbetriebe Illert & Ewald, die hier in den 1880er Jahren ihren Firmensitz gründeten, hatten einen mehr als wirtschaftlichen Bezug zur Gastronomie – stellte man hier doch Etiketten für Zigarrenschachteln und Weinflaschen her. So scheint es einen tieferen Zusammenhang zum Restaurant „Druckhaus" zu geben, das heute in den renovierten und großzügigen Räumen untergebracht ist. Das uneingeschränkte Highlight ist der auf der Terrasse gelegene Biergarten, den man mit Fug und Recht zu den schönsten der Region zählen darf. Das Kopfsteinpflaster und die uralte Linde in der Mitte bilden eine herrliche Kulisse für den perfekten Sommertag. Mit einem prächtigen Blick über die Mainwiesen, den Main und auf das Steinheimer Schloss kann man sich hier der traditionellen hessischen Küche – verfeinert mit modernen Ideen – hingeben. So findet man Bärlauch-Fleischkäse oder Sauerkraut-Handkäs' auf der Karte sowie eine differenzierte Auswahl an Schnitzeln und Fleischgerichten mit frischen Beilagen. Direkt unterhalb der Terrasse verläuft der Mainfahrradweg, sodass das Lokal für alle durstigen Radler ein anstrebenswerter Wegepunkt ist. Kinder sind gerne gesehen und können in Sichtweite auf den Auwiesen spielen oder an einer seichten Stelle des Mains Steine über das Wasser hüpfen lassen.

DRUCKHAUS
ILLERTSTRASSE 2
63456 HANAU

TEL. 06181 62580
FAX 06181 9456558

DI-SA 17-1 UHR
SO UND FEIERTAGE 11.30-14.30 UHR
UND 17-22 UHR, MO RUHETAG
WWW.DRUCKHAUS-HANAU.DE

DIREKT AM MAIN

fresh Restaurant

HANAU-STEINHEIM

„ZUCKERERBSEN FÜR JEDERMANN"
(HEINRICH HEINE)

SZENE & TREND | KÜCHE | PREISNIVEAU | AMBIENTE

Frische Zutaten, mediterrane Gerichte, dazu eine exklusive Weinkarte mit Weinen aus dem Rheingau und aufmerksamer Service ... aus dieser Mischung entsteht die Wohlfühl-Atmosphäre, die den Besucher sofort bei Betreten des trendigen „fresh-Restaurants" umgibt. Sowohl für den Eiligen, der mittags seinen kurzen Business-Lunch zu sich nimmt, als auch für schicke Dinnerabende ist man hier gut gerüstet. Und besonders abends lohnt sich ein Besuch, wenn der Innenhof des Lokals in ein warmes, stimmungsvolles Kerzen- und Fackellicht getaucht ist. Hier kann man ideal ein romantisches Tête-à-Tête mit gutem Essen verbringen. Dass der Name des Restaurants Programm ist, dafür sorgt Küchenchef Yann Louis Brachet. In seiner Küche bereitet er nicht nur knackig frische Salate zu. Auch der Fisch schmeckt wie eben erst geangelt, beispielsweise die Dorade Royale mit Zuckererbsen, Karotten und Lauch im Weißweindampf gegart (17,50 Euro). Und Fleischliebhaber kommen selbstverständlich auch auf ihre Kosten: mit besten Steaks vom Angus-Rind, serviert mit Süßkartoffelgratin und Barolojus (22,80 Euro).Außergewöhnlich ist auch der Gang zur Toilette: Man bahnt sich seinen Weg durch die Ausstellung eines benachbarten Möbelhauses und wird so ganz nebenbei zu neuen Wohnideen inspiriert.

FRESH RESTAURANT & CATERING
LUDWIGSTRASSE 71
63456 HANAU

TEL. 06181 9888138

MO-SA 11-15 UHR
UND 18-22 UHR

WWW.ALLES-FRESH.DE

TÊTE-À-TÊTE
IM INNENHOF

Treppchen

HANAU-STEINHEIM

SPEISEN PLUS
AUGENSCHMAUS

REGIONAL & ORIGINAL | KÜCHE | PREISNIVEAU | AMBIENTE

Hanau-Steinheim ist ein malerisches Städtchen an der deutschen Fachwerkstraße, das sich in den letzten Jahren aufgrund umfangreicher Sanierungen und Renovierungen zu einem bauhistorischen Kleinod gemausert hat. Ein Rundgang durch seine kopfsteingepflasterten Altstadtgassen führt an zahlreichen herausgeputzten Höfen vorbei, deren Geschichte und Bedeutung auf Infotafeln erklärt wird. Im Sommer wirkt die Altstadt wie ein großer, sehr gepflegter Biergarten, wenn die zahlreichen Lokale ihre Außenwirtschaften eröffnen. Dem alten Rathaus gegenüber erkennt man am Renaissance-Erkertürmchen den historischen Huttenhof, der im 16. Jahrhundert von einem Vetter des berühmten Humanisten Ulrich von Hutten errichtet wurde. Der heutige Innenhof des Gebäudes beherbergt ein gastronomisches Karree. Es lohnt sich besonders, im Restaurant „Treppchen" einzukehren. Auf der hübschen Terrasse, romantisch mit wildem Wein bewachsen, kann man trefflich speisen und tafeln. Die ideenreiche Küche, die Traditionelles mit viel Fantasie aufpeppt, ist vorzüglich und das sehr gute Preis-Leistungs-Verhältnis sorgt dafür, dass man das liebevolle Ambiente ganz entspannt genießen kann. Eine mehr als nur gute Adresse für das Speisen in urigen Gemäuern und Höfen und ein schöner Abschluss für die Stadtbegehung.

RESTAURANT TREPPCHEN
HANS-SACHS-STRASSE 3
63456 HANAU-STEINHEIM
TEL. 06181 650468

MO-FR AB 17 UHR
SA UND SO AB 11.30 UHR

HISTORISCHES
AMBIENTE

Culture Club in der Pulvermühle

HANAU-WOLFGANG

TANZ AUF DEM TELLER

SZENE & TREND | KÜCHE | PREISNIVEAU | AMBIENTE

Die historischen Wände und im Sommer der große Außenbereich der alten Hanauer Pulverfabrik haben sich in ein Wohlfühlobjekt der ganz besonderen Art verwandelt. Seit Oktober 2000 ist der „Culture Club" hier zu Hause und bereichert seitdem das Nacht- und Kulturleben der Region. Auch das kulinarische Angebot ist vielfältig. Es ist charakterisiert durch seine Bodenständigkeit, gepaart mit einem Schuss Kreativität, die den Speisen den besonderen Pfiff verleiht. Ob für den kleinen oder großen Hunger, ob Fisch, Flammkuchen oder Fleisch – auf der Speisekarte findet jeder Gast das Gewünschte. Schon die Vorspeisen wie Frankfurter Grüne Soße oder Blutwurstravioli vermitteln Heimatverbundenheit, immer originell mit einem gewissen kulinarischen Etwas kombiniert. Kalbstafelspitz (13,50 Euro), ein reichlich gefülltes Cordon bleu (13,50 Euro) oder kross gebratener Zander (14,80 Euro) sind nur einige der Hauptspeisen, die das Küchenteam frisch auf den Tisch bringt. Die Pulvermühle ist definitiv ein guter Platz, um einen Konzertbesuch oder ein anderes kulturelles Ereignis mit einem Restaurantbesuch zu verbinden. Übrigens kann man hier jeden zweiten Mittwoch im Monat mit seinen Kollegen bei einem frisch gezapften Kölsch oder einem fruchtigen Cocktail den Arbeitstag entspannt ausklingen lassen. Wer möchte, kann dann auch unter freiem Himmel zu Partysounds das Tanzbein schwingen.

CULTURE CLUB
IN DER PULVERMÜHLE
VOR DER PULVERMÜHLE 11
63457 HANAU-WOLFGANG

TEL. 06181 5205225

DI-SA 17-23 UHR
SO 11.30-23 UHR

WWW.CULTURECLUB-HANAU.DE

Schlossschenke

HEUSENSTAMM

HOF MIT
TIERISCHEM PROGRAMM

GUT & BÜRGERLICH

KÜCHE

PREISNIVEAU

AMBIENTE

Um ihr Schloss herum haben die Heusenstammer Stadtväter an Ziergärten nicht gespart. Nur der bewirtschaftete Hof hat den Status Grüne Oase noch nicht ganz erreicht. Trotzdem sitzt man im Biergarten der „Schlossschenke" vor der weißen, rostrot abgesetzten Schlossfassade ausgesprochen angenehm. Großzügig gestellte Tische und Stühle – selbstverständlich mit Polstern – bieten Sitzkomfort beim Essen und Trinken. Kostenlose Dreingabe sind die Balzrituale der eigentlichen Herrscher des Schlosses auf dem vom Biergarten bestens einsehbaren Rathausdach: Gut ein Dutzend Pfauen leben hier. In luftiger Höhe schlägt Herr Pfau Rad für die Dame seines Vogelherzens, dreht – unter dem Applaus der Biergartenbesucher – radschlagend Runde um Runde, bevor man sich nach diesem Vorspiel in den Schlosspark zurückzieht. Das kulinarische Beiprogramm zur Pfauenschau kann sich schmecken lassen. Sonntagnachmittags stehen Kaffee und Kuchen im Mittelpunkt, ansonsten gehobene gutbürgerliche Frischeküche, allen voran das „Frankfurter Kräuterschnitzel", paniert, mit Grüner Soße und Bratkartoffeln. Der karamellisierte Apfelpfannkuchen mit Vanilleeis ist die Wartezeit allemal wert. Die Kinder können im Hof spielen und im Springbrunnen klettern und planschen. Als Zugabe: Parken ist kein Problem.

SCHLOSSSCHENKE HEUSENSTAMM
IM HERRNGARTEN 1
63150 HEUSENSTAMM

TEL. 06104 2964
FAX 06104 921601

DI-FR 12-14 UHR UND AB 17 UHR
SA AB 17 UHR, SO 12-22 UHR

WWW.SCHLOSS-SCHENKE-HEUSENSTAMM.DE

PFAUENBALZ
ALS GRATIS-DREINGABE

Hafen 2

OFFENBACH

KULTURVOLL
GENIESSEN

KIND & KEGEL | KÜCHE | PREISNIVEAU | AMBIENTE

„Hafen 2" ist ein Kulturprojekt im ehemaligen Lokschuppen der Offenbacher Hafenbahn. In diesem architektonisch reizvollen Gebäude mit Backsteinfassade stehen unterschiedliche Räume für Veranstaltungen, den Café-Betrieb, für Kunstausstellungen und als Ateliers zur Verfügung. Davor, direkt am Hafenbecken, ist im Sommer das „Wiesencafé" beheimatet und verbindet die Hafen- mit der Flusslandschaft. Im Café gibt es außer Kaffee und Kuchen frische Suppen, leckere Salate sowie Aufläufe und die dazu passenden Getränke. Im Sommer dient die Wiese als Biergarten mit Liegestühlen und Strandatmosphäre. Auf einer großen Leinwand werden bei Einbruch der Dunkelheit Filme oder Visuals gezeigt. Zwei restaurierte Zirkuswagen und ein Eisenbahnwaggon dienen als Ausstellungsorte. Auch als beliebtes Ausflugsziel für Familien mit Kindern konnte sich „Hafen 2" einen Namen machen: Die für die Rasenpflege zuständigen Schafe, die sich in der Sonne räkelnde Hauskatze oder die zahmen Gänse lassen sich völlig entspannt von den jungen Besuchern streicheln, und wenn es zu heiß ist, wird auch mal das Planschbecken aufgebaut. „Hafen 2" ist vieles auf einmal – in jedem Fall ein interessanter kreativer Ort, an dem nicht nur an die kulinarische Versorgung gedacht wird, sondern auch jede Menge kulturelle Impulse aufzunehmen sind.

HAFEN 2
HAFEN 2A
63067 OFFENBACH
TEL. 069 98558511
E-MAIL: KONTAKT@HAFEN2.NET

MO, DI, MI, SO 12-23 UHR
DO, FR, SA AB 12 UHR
BIS IN DIE NACHT

WWW.HAFEN2.NET

King Kamehameha Beach

OFFENBACH-HAFEN

SANDINSEL AM MAIN

SZENE & TREND | KÜCHE | PREISNIVEAU | AMBIENTE

Die Sonne, der Strand und das „Mehr"und all das auf der Offenbacher Hafeninsel: Das ist weit mehr als irgendwas! Das erinnert mehr oder weniger an die Insel Sylt, an die Riviera – und als Sahnehäubchen prangt im Hintergrund die Frankfurter Skyline. Sonnenhungrige Großstädter haben die City-Beaches entdeckt. Einer der schönsten ist ganz gewiss der weitläufige „King Ka"-Strand auf einer 11.000 Quadratmeter weiten Fläche und seinen einigen Tonnen aufgeschüttetem weißem Sand. In dieser Stadtstrandoase wird gefeiert, gegrillt, getanzt und gechillt. Umgeben von Wasser und mit Ansichtskarten-Panoramablick auf den Sonnenuntergang, der sich hinter den Brücken inszeniert, bekommt der Sommer eine völlig neue Dimension. Drei Beach-Volleyballplätze, Umkleidekabinen, ein überdachter Eventplatz sowie mehrere Strandabschnitte mit Strandkörben und Liegestühlen warten auf die unermüdlichen Sonnenanbeter. Tagsüber spielt coole, unaufdringliche Loungemusik; kaum dämmert der Abend, wird aufgedreht fürs Abtanzen im Freien. Baden im Main ist (noch?!) nicht möglich, zum Abkühlen geht's unter Stranduschen. Die Bars und Grillstationen stellen die Versorgung sicher. Laue Sommernächte dauern meist bis zum nächsten Morgen.

KING KAMEHAMEHA BEACH
HAFENINSEL 2
63065 OFFENBACH-HAFEN

TEL. 069 48009610

MO-DO 15-1 UHR
FR UND SA 15-2 UHR, SO 12-1 UHR
WWW.KING-KAMEHAMEHA.DE

SYLT
IN OFFENBACH

Markthaus

OFFENBACH

ESSEN UND HÄNDLER GUCKEN

REGIONAL & ORIGINAL | KÜCHE | PREISNIVEAU | AMBIENTE

Urig und schön, dabei recht klein. Ein Treffpunkt mit einem gewissen weltläufigen Flair, in einer Stadt, der so etwas oft abgesprochen wird: Direkt am Wilhelmsplatz, dem Offenbacher Marktplatz, befindet sich eine nette Kneipe, kulinarisch mit erweitertem Apfelwein-Programm, was das Publikum betrifft, eher schick: „Das Markthaus". Darin kann man genauso gut vor der Arbeit einen Kaffee trinken wie nach dem Einkaufen einkehren und am Abend essen. Dann empfiehlt es sich, Plätze zu reservieren, denn im „Markthaus" bleiben Stühle und Bänke selten lange leer. Das Essen ist deftig, aber nicht derb, der Service ungemein freundlich, aber nicht aufdringlich. Das Lokal mit seinem Holzmobiliar ist gemütlich, aber nicht spießig, kurz: Es herrscht eine Atmosphäre, in der man nicht anders kann, als sich wohlzufühlen. Es gibt Apfelwein von Kunkel, einer kleinen Kelterei aus dem Spessart, Rotwein und Weißwein. Gereicht werden Frühstück und Wein, Handkäs' und einige Fleischgerichte, dazu eine kleine Tageskarte, und vieles schmeckt wie bei Muttern. Wenn es das Wetter hergibt, sitzt man draußen oder steht mit einem Glas in der Hand vor der Tür, auf einer Terrasse, die fast nahtlos in öffentlichen Raum übergeht. Wenn dann noch die Sonne scheint, hat dieser Ort in Offenbach einen nachgerade südländischen Charme.

MARKTHAUS AM WILHELMSPLATZ
BIEBERER STRASSE 9B
63065 OFFENBACH

TEL. 069 80101883
FAX 069 85700982

TÄGLICH 10-24 UHR
AN MARKTTAGEN
(DI, FR, SA) 8-24 UHR

LOKAL MIT DIREKTER MARKTANBINDUNG

Sheraton Offenbach Terrasse

OFFENBACH

DIE GRÜNE MITTE

KIND & KEGEL | KÜCHE | PREISNIVEAU | AMBIENTE

Der runde Glasbau des „Sheraton" war früher einmal das städtische Hallenbad. Baden und Wellness finden jetzt im Fitnessbereich, eine Etage tiefer, statt. Doch genießen unter freiem Himmel, etwa in bequemen Loungesesseln, ist auf der Parkterrasse allemal angesagt. Die Terrasse mit Blick auf den alten Baumbestand im Büsing Park ist im aufstrebenden Offenbach sicherlich einmalig. Man sitzt auf grün-weißen Polstern auf schicken Holzmöbeln mit Blick aufs benachbarte Büsing Palais. Der freundliche Service trägt zum Wohlfühlen maßgeblich bei. Die Küche setzt mit ihrer Terrassenkarte auf leichte euro-amerikanische Spezialitäten, nachmittags locken Kuchen und Eisbecher. Steaks, Salate, Nudelgerichte haben alle den gewissen Touch, der sie ein bisschen anders ausfallen lässt als anderswo. Alle Cocktails der „OneEleven Bar" sind auch draußen erhältlich. Zur täglichen Happy Hour treffen sich hier gerne die Vertreter der Offenbacher Geschäftswelt, freitags stimmen sich die Ausgehfreudigen zur „Blue Hour" auf den weiteren Abend ein und samstags verbirgt sich hinter dem leicht sperrigen Namen „Bogoff Hour" das System „Buy one get one for free", also zwei Cocktails trinken und nur einen bezahlen. 111 haben die „Sheraton"-Barkeeper im Repertoire. Star ist der Hauscocktail namens „Pure": Bacardi Razz, Martini extra dry, grüner Apfelsirup; der wird mit schwarzem Johannisbeersaft aufgefüllt. Dazu gibt es Snacks und ein paar Kleinigkeiten.

TERRASSE DES SHERATON OFFENBACH HOTELS AM BÜSING PALAIS

BERLINER STRASSE 111
63065 OFFENBACH

TEL. 069 82999777
TÄGLICH AB 6.30 UHR

WWW.STARWOODHOTELS.COM/FRANKFURT

OFFENBACHS GRÜNSTE SONNENBANK

Parkhotel Rödermark

RÖDERMARK

DAS GEWOHNTE PLUS
VIELE, VIELE EXTRAS

GUT & BÜRGERLICH | KÜCHE | PREISNIVEAU | AMBIENTE

Das „Parkhotel Rödermark" liegt im Ortsteil Rollwald, mitten im Grünen – in einer Umgebung, die für einen kleinen entspannenden Urlaub vom Alltag wie geschaffen ist. Die gesamte Hotelanlage ist im bayerischen Stil gehalten, die Balkone an der Giebelseite mit den typischen, üppig bepflanzten Blumenkästen ausgestattet. Direkt vor dem Hotel liegt ein kleiner, hübscher See, in dessen Mitte Wasserfontänen für eine meditative Geräuschkulisse sorgen. Die Terrasse des Restaurants und der Biergarten „La Fontaine" liegen direkt an diesem gepflegten See und laden ein, in ruhigem Ambiente einen Schoppen oder ein Weizenbier zu genießen. Der Küchenchef offeriert frische, internationale Gerichte und sorgt allmonatlich für Abwechslung durch seine Spezialitätenkarte, die sich am saisonalen Angebot, aber auch an Anlässen wie Valentinstag, Mittsommernacht oder am Oktoberfest ausrichtet. Jeden ersten Sonntag im Monat kann man das hoteleigene Schwimmbad kostenlos nutzen und die verbrauchte Energie anschließend beim Brunch mit großer, ideenreicher Speisenauswahl wieder auftanken. Als besonderen Service bietet das Hotel an, Fahrräder für Touren durch das Rodgau auszuleihen.

PARKHOTEL RÖDERMARK
NIEDER-RÖDER-STRASSE 24
63322 RÖDERMARK

TEL. 06106 7092508
E-MAIL: PARKHOTEL-ROEDERMARK@
PROVENTHOTELS.COM

TÄGLICH 12-14 UHR
UND 18-22.30 UHR
(FRÜHSTÜCK 6.30-10 UHR)

WWW.PARKHOTEL-ROEDERMARK.COM

Sands „Die Sandbar"

RODGAU

„WIE ES EUCH GEFÄLLT"

SZENE & TREND | KÜCHE | PREISNIVEAU | AMBIENTE

Bereits seit 2005 können hier die Rodgauer und Beachbar-Fans aus der Umgebung ihre Füße in den Sand stecken. Barchef Kemal Yilmaz freut sich über Gäste aus dem gesamten Umkreis und auch die Frankfurter legen gerne den Weg nach Rodgau zurück. „Die Sandbar" muss den Vergleich mit den urbanen Beachclubs keineswegs scheuen. Die Bar ist in karibischem Stil eingerichtet – überall wehen weiße Vorhänge im lauen Sommerwind, die Lounge-Möbel laden erkennbar zum Chillen ein. In der Mitte der Bar gibt es sogar einen kleinen Pool. In dieser entspannten Karibik-Atmosphäre können die Gäste mit einem Cocktail in der Hand nach einem anstrengenden Arbeitstag oder auch nach stressigen Schulstunden relaxen. Das Publikum ist sehr gemischt, relativ jung und genießt gerne die großzügige Auswahl an Biersorten, Fruchtsäften und exquisiten Cocktails, die in diesem Urlaubs-Ambiente noch leckerer schmecken. Für den hungrigen Szenegänger gibt es eine reichhaltige Auswahl an frischen Salaten, Meeresfrüchten und auch Deftiges vom Grill. Die rund 80 Außenplätze auf der Rodgauer Pirateninsel bieten ausreichend Raum auch für größere Gruppen. Die Fahrt nach Nieder-Roden lohnt sich also auf jeden Fall. Achtung: Keine geregelten Öffnungszeiten – das angesagte „Sands" lässt sich nur bei schönem Wetter aufsuchen!

SANDS „DIE SANDBAR"
SCHULSTRASSE 2-4
63110 RODGAU (NIEDER-RODEN)
TEL. 06106 7709960

BEI SCHÖNEM WETTER AB 18.00 UHR
ANSONSTEN WERDEN DIE
ÖFFNUNGSZEITEN TÄGLICH
AUF DER HOMEPAGE AKTUALISIERT.

WWW.SANDS-SANDBAR.DE

Zur Kreuzung

RODGAU

ZUM GENUSS
AM GENIESSEN

KIND & KEGEL | KÜCHE | PREISNIVEAU | AMBIENTE

Die Gaststätte „Zur Kreuzung" – beim Stammpublikum einfach nur bekannt als „Die Muck" – ist bereits seit mehreren Generationen ein traditioneller Familienbetrieb. Die meisten Gerichte auf der Speisekarte werden nach alten Familienrezepten gekocht, wobei die Anzahl der Stammgäste beweist, dass diese Rezepte noch lange nicht veraltet sind. Alle Speisen werden (das ist Programm) frisch zubereitet, sodass man sich für sein knuspriges Hähnchen durchaus auch mal länger als eine halbe Stunde gedulden muss – aber das Warten lohnt sich! Vor allem im Sommer bietet das Lokal Abwechslung vom Althergebrachten und Gutbewährten. Und dennoch können beim Familienausflug die Eltern die gewohnten Schnitzel oder Bratwürste zu vernünftigen Preisen genießen, während sich die lieben Kleinen auf dem riesigen Spielplatz verlustieren. Auch als erholsamer Zwischenstopp für Radfahrer, Jogger, Spaziergänger oder Skater bietet sich „Die Muck" an. Wer es gerne bequem hat, sich um nichts kümmern und einfach nur das Genießen genießen will, nimmt im kleinen Biergarten mit Bedienung Platz. Etwas zwangloser geht es im großen Garten mit Selbstbedienung zu. Auf einer ca. 2.000 qm großen Fläche mitten in der Natur. Wechselnde Veranstaltungen (Tanzabende oder Konzerte), gute Speisen und ein kühles Bier – und außerdem auch noch gut zu erreichen. Was will man mehr?

RESTAURANT ZUR KREUZUNG
HAUPTSTRASSE 301
63110 RODGAU
TEL. 06106 4129

MO AB 15 UHR
DI-SA AB 12 UHR, SO AB 11 UHR

WWW.ZURKREUZUNG.DE

Mainterrassen

SELIGENSTADT

ITALIENISCHER
RUNDUM-GENUSS

REGIONAL & ORIGINAL | KÜCHE | PREISNIVEAU | AMBIENTE

Seligenstadt – gelegen am Main-Fahrradweg und den Anlegestellen der Mainschifffahrt – ist nicht nur wegen des malerischen Altstadtkerns oder des historischen Marktplatzes ein lohnendes Ausflugsziel, auch das Restaurant „Mainterrassen" (oder auch: "Ristorante Balducci") ist einen Besuch wert. Die Küche verwöhnt mit mediterranen Speisen, bei deren Zubereitung das Hauptaugenmerk auf der Frische und Qualität der Zutaten liegt. Fisch in allen Variationen, Meeresfrüchte, viel Gemüse, Salate und mageres Fleisch stehen auf der Karte und bieten damit eine leichte Auswahl für warme Sommertage. Die Gaumenfreuden lassen sich mit einem der exquisiten Weine noch steigern. Die große Sonnenterrasse mit romantischem Blick auf den Main ist herrlich bewachsen und trägt zum mediterranen Lebensgefühl bei. Hier kann man relaxen, auftanken und sich vom aufmerksamen Serviceteam verwöhnen lassen. Und wem das noch immer nicht italienisch genug ist, der wird Freude daran haben, wenn der ambitionierte Patron Giuseppe Balducci zum Mikrofon greift und mit seinen romantischen italienischen Liedern die schöne Atmosphäre noch verstärkt. Extra: Im Hause „Balducci" können Sie auch Ihre Feiern und Events mit Menü und Buffet durchführen. Dazu muss einfach nur das Formular auf der Website ausgefüllt und zurückgesendet werden.

RISTORANTE UND HOTEL
MAINTERRASSEN
KLEINE MAINGASSE 16
63500 SELIGENSTADT
TEL. 06182 92760
FAX 06182 927677

TÄGLICH 11-23 UHR
WWW.HOTEL-MAINTERRASSE.DE

WUNSCHKONZERT INKLUSIVE

KAPITEL 5 **Main-Taunus-Region**

Wunderbar Weite Welt

EPPSTEIN

WOZU IN DIE FERNE SCHWEIFEN

SZENE & TREND | KÜCHE | PREISNIVEAU | AMBIENTE

Wie erreicht man die wunderbare weite Welt am besten? Die erste Station ist natürlich der Bahnhof! So ist es auch in Eppstein, und seitdem der aufwendig restaurierte Bahnhof das Café und Restaurant mit dem klang- und verheißungsvollen Namen beherbergt, kann man von hier aus auch in der Fantasie die Reise antreten. Das Konzept ist zeitgemäß, kreativ und abwechslungsreich: Von wechselnden Kunstausstellungen, über verschiedene musikalische Events bis hin zu einem Kinderfest kann man alles erleben und sich von diesem kreativen und kommunikativen Ambiente anregen lassen. Vom Außenbereich hat man einen schönen Blick auf die Eppsteiner Altstadt, überragt von der Burgruine, und kann dies bei schönem Wetter entspannt mit ein wenig Hintergrundmusik vom Liegestuhl aus genießen. Ein Biergarten und ein weiterer Sommergarten mit echten Palmen bieten ausreichend Platz dazu, und damit auch jüngere Gäste den Garten zu schätzen wissen, gibt es für sie sogar einen kleinen Sandkasten. Auf der Speisekarte findet man vorwiegend mediterran beeinflusste Zubereitungen, für die viele Bioprodukte verwendet werden, und auch die Getränkekarte bietet Weine und Säfte aus biologischem Anbau. Alles in allem ist die „Wunderbar Weite Welt" ein hervorragendes Ziel für einen Miniurlaub – und das direkt vor der Haustür.

WUNDERBAR WEITE WELT
AM STADTBAHNHOF 1
65817 EPPSTEIN

TEL. 06198 585506

MO-SA 9-1 UHR
SO 10-1 UHR

WWW.WUNDERBAR-WEITEWELT.DE

KUNST UND KONZERTE

Flörsheimer Warte

FLÖRSHEIM-WICKER

HIER WACHT
DER WINZER

REGIONAL & ORIGINAL | KÜCHE | PREISNIVEAU | AMBIENTE

Die Warte bei Wicker war einer von vier Wachtürmen, die am Ende des 15. Jahrhunderts zum Schutz der Kasteler Landwehr erbaut wurden. 1817 abgebrochen, entstand 1996 an selber Stelle eine Rekonstruktion. Seither ist sie ein beliebtes Ausflugsziel mit Restaurationsbetrieb, das ausschließlich zu Fuß oder mit dem Rad erreicht werden kann. Von dort hat man nicht nur einen schönen Ausblick auf das gesamte Rhein-Main-Gebiet und die umliegende Rebenlandschaft mit den Weinlagen Mönchsgewann und Herrnberg, sondern hier verläuft auch der Regionalparkweg. Bei schönem Wetter stehen Bierzeltgarnituren im Freien und laden unter Bäumen oder in der Sonne zum Verweilen ein. Und Kinder finden genügend Platz zum Toben. An einem Holzpavillon kann man sich selbst mit Getränken – vor allem mit Weinen des Gutsausschanks Flick – versorgen und Kleinigkeiten zum Essen ordern. Die Verzehrwünsche werden dann per Handy an die im ersten Obergeschoss angesiedelte Küche weitergeleitet und nach ihrer Zubereitung schnellstens vom Servicepersonal ausgeliefert. Zum Beispiel Winzerwürstchen mit Bratkartoffeln, Spundekäs' mit Laugenbrezel oder Salat mit Putenbruststreifen. Einziger Wermutstropfen in der friedlichen, autofreien Landschaft: Sie liegt direkt in der Abflugschneise der Donnervögel des Frankfurter Airports.

FLÖRSHEIMER WARTE
LANDWEHRWEG
65439 FLÖRSHEIM-WICKER
TEL. 06145 548777
FR 17-22 UHR, SA 15-22 UHR
SO UND FEIERTAGE 11-22 UHR
MO-DO RUHETAGE
WWW.MICHAEL-BECK.DE

WEINGENUSS NEBEN REBSTÖCKEN
UND HISTORISCHEM WEHRTURM

Wiesenmühle

FLÖRSHEIM

LANDGASTHOF
MIT KAPELLE

GUT & BÜRGERLICH | KÜCHE | PREISNIVEAU | AMBIENTE

Eingegliedert in den Regionalpark Rhein-Main liegt die „Wiesenmühle" fernab großer Straßen einsam und idyllisch im Wickerbachtal. 1699 als Mühle erbaut, empfängt sie seit über 80 Jahren als Ausflugslokal ihre Gäste. Heute legt man im Landgasthof größten Wert auf eine gutbürgerliche, bodenständige Küche mit vielen Zutaten aus eigener Herstellung. Die reichhaltige Speisekarte bietet neben den bekannten Geflügelspezialitäten des Hauses je nach Jahreszeit frischen Spargel, Pfifferlinge oder Deftiges von Wild und Lamm. Darüber hinaus gibt's traditionelle Gerichte mit frischen Eiern oder Wurst und Schinken aus eigener Schlachtung. Für Kinder, denen zudem ein Spielplatz zur Verfügung steht, existieren Spezialmenüs. Und nachmittags verwöhnt die Küchen-Crew mit selbst gebackenem Kuchen und hausgemachtem Eis. Im Sommer vornehmlich natürlich auf der großen Terrasse im Innenhof, die 100 Genuss- und Erholungssüchtigen Platz bietet. Die 1715 entstandene Kapelle der „Wiesenmühle" ist übrigens Namensgeberin der kleinsten Weinbergslage des Rheingaus, die in unmittelbarer Nähe des Anwesens liegt und vom eigenen Weingut bewirtschaftet wird. Neben den Trauben der Flörsheimer St. Anna Kapelle befinden sich weitere Weine und Sekt eigener Herstellung im Ausschank. Sogar selbst gekelterter Apfelwein.

WIESENMÜHLE
FLÖRSHEIMER STRASSE (L 3028)
65439 FLÖRSHEIM AM MAIN
TEL. 06145 7166

MI-SO 11-23 UHR
MO UND DI RUHETAGE
WWW.GASTHOF-WIESENMUEHLE.DE

WEIN AUS EIGENEM ANBAU UND
SELBST GEKELTERTER APFELWEIN

Zum Hirsch

FLÖRSHEIM

WILD BEIM „HIRSCHEN"

GUT & BÜRGERLICH

KÜCHE

PREISNIVEAU

AMBIENTE

Es ist das älteste Gasthaus Flörsheims, erstmals bereits um 1500 als solches erwähnt. Direkt am Mainufer gelegen und ausgestattet mit großer Gartenterrasse, befindet sich der „Hirsch" heute im Besitz der Stadt Flörsheim, die ihn jedoch schon seit fast 30 Jahren an die Familie Breivogel verpachtet hat. Im Bier- und Weingarten mit Blick aufs Wasser können die Gäste unter alten Platanen ihren Gedanken nachhängen, die Freiluftidylle und die Aussicht genießen. Und nicht nur die. Denn aus der Küche kommt Gutbürgerliches auf die Teller. Zum Beispiel „Fraaß", ein berühmter Auflauf mit Weißkraut und Hackfleisch, der gottlob nicht hält, was sein Name brachial verkündet. Neben der altbewährten Frankfurter Hausmannskost macht die umfangreiche Speisekarte Lust auf die ganz besonderen Spezialitäten des Hauses. Etwa auf die Wildgerichte – von der Bratwurst „Wilderer Art" über Wildschweinbraten bis zur Hasenkeule. Eine eigene Konditorei sorgt außerdem für reichhaltige und süße Abwechslung.

ZUM HIRSCH
KONRAD-ADENAUER-UFER 19
65439 FLÖRSHEIM
TEL. 06145 2873

MI-MO 11-0 UHR
DI RUHETAG

WWW.RESTAURANT-ZUM-HIRSCH.DE

BIERGARTEN-IDYLLE MIT KINDERSPIELPLATZ VOR DER HAUSTÜR

Tipp: Violeta Brana-Lafourcade, Sängerin und Geigerin bei Grass Unlimited

Hochheimer Hof

HOCHHEIM

ALLES UNTER
DACH UND FACH

REGIONAL & ORIGINAL | KÜCHE | PREISNIVEAU | AMBIENTE

Das Anwesen des traditionellen „Hochheimer Hofes" bietet für jeden Geschmack das richtige Ambiente: Ob in den „Ratsherrenstuben" gehobene Küche genossen wird, im Biergasthaus „Hopfen und Malz" Deftiges verzehrt wird oder im „Cabinettkeller" die Hochheimer Weine gewürdigt werden. Besonders attraktiv ist im Sommer der große Hofgarten. Hübsch möbliert und ein wenig verwinkelt, finden zwar bis zu 200 Gäste Platz, eine romantische und private Atmosphäre bleibt aber gewahrt. Duftende Rosen und diverse üppig blühende Stauden sorgen für die richtige Duftuntermalung und bieten die sommerlichen Idealvoraussetzungen, sich den vielfältigen kulinarischen Freuden hinzugeben. Ausgezeichnet von „Hessen à la carte", findet man zahlreiche regionale, modern variierte Gerichte auf der Karte. Schweinelendchen mit Brezelpanade, Winzerhandkäs' oder Weizenschaumsüppchen verführen den Magen, lassen die Herzen höher schlagen und machen – zusammen mit einem passenden Schoppen – den Tag zum Erlebnis. Dieses romantische Paradies im Innenhof mit bodenständiger Biergartenkultur und fröhlicher Heurigen-Atmosphäre ist ein jederzeit überzeugendes Ziel für Radfahrer, Wanderer, Schoppepetzer, Genießer, Frischluftfanatiker, Sonnenanbeter, Schattensuchende, Eingeplackte, Zugereiste und natürlich für Familien.

HOCHHEIMER HOF
MAINZER STRASSE 22-26
65239 HOCHHEIM AM MAIN

TEL. 06146 8487160
FAX 06146 8487161

TÄGLICH AB 12 UHR
DURCHGEHEND WARME KÜCHE

WWW.HOCHHEIMER-HOF.DE

ACHTEN SIE AUF
DEN VERANSTALTUNGSKALENDER

Rieslingstube

HOCHHEIM

BLAUER GLOCKENBAUM

EDEL & FEIN | KÜCHE | PREISNIVEAU | AMBIENTE

Die „Rieslingsstube" in der Wintergasse befindet sich in einem wunderhübsch renovierten Fachwerk-Ensemble mit anheimelnder Puppenstubenatmosphäre. Seit vielen Jahren verwöhnen Dieter Becker und seine aus Frankreich stammende Frau an diesem privilegierten Ort die staunenden Touristen und die einheimischen Stammgäste mit deutschen und elsässischen Spezialitäten. Verschiedenste Flammkuchenvariationen, verlockende Entengerichte – ja, es fällt schwer, sich bei dieser Vielfalt zu entscheiden. Sicher ist: Man wird auf keinen Fall enttäuscht. Die Weinkarte tut ihr Übriges: Hier finden sich neben den besten Weinen aus dem Rheingau und Rheinhessen auch vorzügliche französische Spitzenweine. Das Restaurant ist familiär und außergewöhnlich professionell geführt, und an heißen Sommertagen ist es ein zusätzlicher Hochgenuss, sich in dem kleinen und lauschigen Innenhof niederzulassen. Hier blüht es in jeder Ecke und in zahlreichen Blumenkübeln ist eine üppige Farb- und Blütenvielfalt zu bewundern. Besonders hervorzuheben ist der eindrucksvolle Glockenbaum. Die Kopfsteinpflasterung und die dazu passenden Natursteinmauern sorgen zudem für ein geschmackvolles südliches Flair. Nicht ohne Grund wird die Qualität der „Rieslingstube" regelmäßig von bekannten Gastroführern ausgezeichnet.

HOCHHEIMER RIESLINGSTUBE
WINTERGASSE 9
65239 HOCHHEIM
TEL. 06146 83310

MO-SA 18-23 UHR
SO RUHETAG

BLÜTENTRÄUME, DIE IN ALLE SINNE STEIGEN

Wasserturm

HOCHHEIM

EIN QUELL
DER ERHOLUNG

REGIONAL & ORIGINAL | KÜCHE | PREISNIVEAU | AMBIENTE

Schon lange nutzt Hochheim den 1896 erbauten Wasserturm nicht mehr für die Wasserversorgung, vielmehr sprudeln aus dieser Quelle seit geraumer Zeit trinkbare Flüssigkeiten im nun ansässigen Restaurant und Café. Neben Bier, Wein, Cocktails und diversen alkoholfreien Getränken überzeugt die Speisekarte außerdem mit einer soliden Auswahl an frischen Salaten, Grillspezialitäten, Flammkuchen und internationalen Köstlichkeiten. Auch kleine Snacks und frischer Kuchen sind im Angebot. Im Sommer avanciert der an der Stadtgrenze Hochheims gelegene Turm zu einem beliebten Ausflugsziel für die naturhungrige Bevölkerung, da der ansprechend möblierte und mit feinem Sinn für die Jahreszeiten bepflanzte Biergarten für wenigstens 300 Frischluftfreunde mehr als ausreichend Platz bietet. Saisoneröffnung ist im Mai, und sofort kommt auch der große Open-Air-Grill zum ersten Mal im Jahr zum Einsatz. Er steht während der gesamten Freiluftsaison keine Stunde mehr still und ist eine echte Attraktion für alle Nicht- Vegetarier. Gelegentlich bringt Livemusik, beispielsweise Jazz der lockeren Art, Abwechslung und noch mehr Stimmung an den „Wasserturm", und sonntags lohnt es sich vor diesem Hintergrund, den Tag mit einem Sommerbrunch zu beginnen – und so mancher Gast hat das schon bis zum Abend ausgedehnt!

WASSERTURM HOCHHEIM
RESTAURANT – CAFÉ – BIERGARTEN
MASSENHEIMER LANDSTRASSE 3
65239 HOCHHEIM
TEL. 06146 9068763

DI-SA 18-24 UHR
SO UND FEIERTAGE 10-24 UHR
MO RUHETAG

WWW.WASSERTURM-HOCHHEIM.DE

Meisterturm

HOFHEIM

IM GARTEN
VOR DEM TURME

REGIONAL & ORIGINAL | KÜCHE | PREISNIVEAU | AMBIENTE

Zwei Dinge haben den Hofheimer „Meisterturm" zu dem gemacht, was er ist: eines der beliebtesten Ausflugsziele des Main-Taunus-Kreises. 1928 wurde der Turm – eine einfache Stahlkonstruktion mit einer Aussichtsplattform – auf dem Kapellenberg errichtet und bietet einen sensationellen Ausblick auf die Rhein-Main-Ebene, bei guter Sicht sogar bis in den Odenwald. Und wer sich hernach von seinem Ausflug in die weitsichtige Höhe erholen will, freut sich über die Waldgaststätte „Meisterturm" am Fuße desselben. Mitten im Wald gelegen, ist sie gerade im Sommer Anziehungspunkt für viele Wanderer und Spaziergänger. Diese können im weiträumigen Biergarten mit etwa 200 Plätzen unter hohen wunderschönen Bäumen die Seele baumeln und sich die Grüße aus der Küche schmecken lassen.

Die Küche ist gutbürgerlich und bedient sich gerne der Spezialitäten aus den Taunuswäldern, die schlicht kombiniert mit frischen Gemüsen und Salaten an der frischen Luft umso besser schmecken. Ganz nach dem Geschmack des Nachwuchses dürfte dann auch der nahe gelegene Spielplatz sein, auf dem sich die Kleinen mal so richtig austoben können.

WALDGASTSTÄTTE MEISTERTURM
MEISTERTURM 1
65719 HOFHEIM

TEL. 06192 8887
FAX 06192 902401

MI-SO 12-23 UHR
DI RUHETAG

(DURCHGEHEND WARME KÜCHE)

WWW.MEISTERTURM.DE

Die Scheuer

HOFHEIM

SCHWERE MAUERN,
LEICHTE KÜCHE

EDEL & FEIN | KÜCHE | PREISNIVEAU | AMBIENTE

Alte Mauern und Gemäuer – im Taunus existieren viele davon und oft werden sie mit Gastronomiekonzepten elegant verknüpft. In der „Scheuer" werden in den alten Mauern Gerichte der leichten und modernen Küche zubereitet und sind bei den Gästen offensichtlich sehr beliebt. Ralph und Christiane Stöckle kauften 1983 die sehr verwitterte alte Scheune und richteten sie vom Boden bis zum Dach wieder mit viel Liebe her. Detailgetreu wurde das schöne Fachwerk wieder herausgeputzt – alte Balken und schweres Mauerwerk vermitteln dem Gast das Gefühl von Traditionalität und Bodenständigkeit. Dazu stellt das, was auf den Teller kommt, einen reizvollen Kontrapunkt dar. Die frische, auf die Saison abgestimmte Küche bietet leichte raffinierte Gerichte, mit denen saisonale Gemüsesorten immer passend dazu kombiniert werden. So kommen denn auch Vegetarier nicht zu kurz. Ein ausgewogenes Weinangebot und eine Auswahl edler Obstbrände runden das Geschmackserlebnis ab. Vor der Scheune, die im Sommer wunderschöne Geranienkästen zieren, liegt der hübsche kleine Garten, der ebenfalls ein Schmuckstück ist. Hier lassen sich die Speisen und die freundliche Atmosphäre zwischen Tradition und Moderne gut auskosten.

DIE SCHEUER
BURGSTRASSE 12
65719 HOFHEIM

TEL. 06192 27774, FAX 06192 1842

DI-SO 12-24 UHR
(KÜCHE 12-14 UND 18-22 UHR)
MO RUHETAG

WWW.DIE-SCHEUER.DE

UNBEDINGT
RESERVIEREN!

Viehweide

HOFHEIM

FAST ÜBER
DEN WOLKEN

GUT & BÜRGERLICH | KÜCHE | PREISNIVEAU | AMBIENTE

An schönen Sommertagen strömen die Gäste aus der gesamten Region gerne hinaus nach Hofheim und zur „Viehweide“. Denn dort erwarten sie nicht etwa Cowboys, Rodeos und Lassos, sondern ein Ausblick, der seinesgleichen sucht. Der unverbaute Blick auf die Bankentürme der Frankfurter Skyline ist ein Genuss für die Augen aller Freiluftfreunde. Und natürlich ist es kein Wunder, dass das „Terrassenrestaurant mit Panoramablick“ mit diesem Pluspunkt wirbt. Umgeben von sattem Grün und schönen Bäumen, kann man den Blick genießerisch wandern lassen. Außer dem Augenschmaus zählen natürlich auch die Gaumenfreuden. Es gibt ein reizvolles Angebot an gutbürgerlichen Speisen. Das namengebende Vieh grast hier allerdings schon lange nicht mehr. Es kommt nunmehr in Einzelteilen auf die Terrasse der Weide, mal als Steak, mal als Medaillon und auch geschnetzelt – aber stets lecker zubereitet und fein angerichtet. Ebenso verfährt man mit den zahlreichen saisonalen Gerichten, die auch auf Liebhaber vitaminreicher und/oder vegetarischer Speisen zugeschnitten sind. Die Speisekarte hält zusätzlich besondere Angebote für Senioren und Kinder bereit, und ein ausgedehnter schöner Waldspielplatz (gut von der Terrasse aus zu beobachten!) macht die „Viehweide“ zum beliebten Sommertreffpunkt für die ganze Familie.

VIEHWEIDE
VIEHWEIDE 1
65719 HOFHEIM

TEL. 06192 99090
FAX 06192 990915

MI-SA AB 12.00 UHR
(MITTAGSTISCH 12-14 UHR)
SO UND FEIERTAGE AB 10 UHR
MO UND DI RUHETAGE

WWW.VIEHWEIDE.DE

Waldgasthof Gundelhard

HOFHEIM-LORSBACH

GASTHOF MIT MUSIK

KIND & KEGEL

KÜCHE

PREISNIVEAU

AMBIENTE

„Gundelhard" – das ist der Bergrücken zwischen Hofheim-Lorsbach, Kelkheim und Eppstein, wo sich der beliebte gleichnamige Waldgasthof befindet. Während eines ausgedehnten Spaziergangs durch Wald und Wiesen kann man sich schon vorher auf den herrlichen Biergarten mit dem ganz eigenen Charme freuen. Die prachtvollen Maronenbäume sind ein richtiges Markenzeichen und in ihrem Schatten lassen sich hervorragend neue Kräfte für den Rückweg sammeln. Das Hefeweizen oder den Äppler im Glas, den Inhalt der hauseigenen Grillpfanne auf dem Teller und die Kinder auf dem angrenzenden Spielplatz im Blick, kommen Groß und Klein, Alt und Jung zu ganz normalen Preisen auf ihre Kosten. Damit auch die musikalische und kulinarische Abwechslung gewährleistet ist, gibt es zahlreiche Sonderaktionen bei „Gundelhard": Von Juli bis September wird jeweils am ersten Sonntag zum Frühschoppen gejazzt, immer donnerstags geht es kulinarisch über den großen Teich und zu Spare-Ribs und Steaks, auch am Freitag bleibt man international und serviert Schnitzelvariationen aus aller Welt. Übrigens: Nur weil die schönste Art, zu „Gundelhard" zu gelangen, eindeutig Schusters Rappen sind, wurde bisher verschwiegen, dass der Gasthof auch mit motorisiertem Untersatz zu erreichen ist.

WALDGASTHOF GUNDELHARD
MÜNSTERER STRASSE 65
65719 HOFHEIM-LORSBACH

TEL. 06192 900607
FAX 06192 963907

DI-FR 11-23 UHR
SA, SO UND FEIERTAGE 10-23 UHR
MO RUHETAG

WWW.GUNDELHARD.DE

Hof Gimbach

KELKHEIM

SCHINDERHANNES
AUF DEM HOFGUT

KIND & KEGEL | KÜCHE | PREISNIVEAU | AMBIENTE

Bereits 1534 wurde der Gimbacher Hof urkundlich erwähnt: Idyllisch am Fuße des Staufen gelegen, ist er engstens mit der Geschichte der Wallfahrtskapelle verbunden, die bis zu ihrem Abriss 1830 in unmittelbarer Nähe stand. Erhalten geblieben sind zum Glück die Gebäude des Gimbacher Hofes und die bieten seit vielen, vielen Jahren Wanderern, Ausflüglern, Spaziergängern und Naturfreunden Erholung vom Feinsten und Genuss. An schönen Sommertagen ist unter den großen Kastanien in der Gartenwirtschaft des 500 Jahre alten Hofes denn auch selten ein freier Platz zu finden. Gerade Familien genießen den stundenweisen Kurzurlaub auf dem Bauernhof. Während die Kinder auf dem kleinen Spielplatz ausgelassen toben oder die Tiere streicheln dürfen, können die Eltern gutbürgerlich und mit gutem Gewissen die Speisekarte studieren. Verweise auf den Schinderhannes, der die Vorzüge des Hofes vor 200 Jahren ebenfalls zu schätzen wusste und hier nicht nur Unterschlupf, sondern auch die beste Verpflegung fand, sind in ebendieser Speisekarte zu finden. Die Zutaten stammen prinzipiell aus eigenem Anbau und den Gimbacher Stallungen. Auch der Apfelwein ist selbst gekeltert. Wer noch mehr über die Geschichte des Hofes erfahren möchte, kann sich im Internet über die regelmäßigen historischen Führungen informieren.

HOF GIMBACH
65779 KELKHEIM

TEL. 06195 3241
FAX 06195 72213

MO-FR AB 12 UHR
SA UND SO AB 11 UHR
MI RUHETAG

WWW.HOF-GIMBACH.DE

Zum Fröhlichen Landmann

KELKHEIM

GUT GELAUNTE AUSFLÜGLER

KIND & KEGEL | KÜCHE | PREISNIVEAU | AMBIENTE

Zahlreiche Wanderwege, scharenweise Vierbeiner zum Streicheln und jede Menge kostenlose Parkplätze machen den Rettershof zu einem höchstbeliebten Ausflugsziel der Gegend.

Sehr gerne strömen die Familien an sonnigen Wochenenden nach Kelkheim-Fischbach, um die Natur zu genießen und dies gleich mit dem Angebot der örtlichen Gastronomie zu verbinden. Im Gasthaus „Zum Fröhlichen Landmann" ist man auf einen massenhaften Ansturm der Gäste gut eingestellt und hat im großen Biergarten vor dem anheimelnden Fachwerkhaus mit etwa 200 Sitzplätzen bestens vorgesorgt. Darüber hinaus können sich weitere 80 Gäste auf der darüberliegenden Terrasse wohlfühlen. An Spitzentagen reicht dieses Platzangebot manchmal trotzdem nicht ganz aus, um alle (Sonnen-)Hungrigen unterzubringen, aber das spricht für sich und das Haus. Das Angebot an Speisen sowie das Preis-Leistungs-Verhältnis stimmen. Wild- und Fischgerichte mit Bezug zum Taunus finden sich auf der Karte ebenso wie Steaks oder hessische Hausmannskost. Das Stöffche, in diesem Fall der Rettershofer Äppler, ist ebenfalls zu empfehlen. Kinder jeden Alters sind im und um das Gasthaus herum gerne gesehen. Für sie gibt es eine spezielle Karte, einen kleinen Spielplatz und auch Malbücher.

ZUM FRÖHLICHEN LANDMANN
RETTERSHOF 2
65779 KELKHEIM-FISCHBACH

TEL. 06174 21541
FAX 06174 930769

MI-SO UND FEIERTAGE 11-23 UHR
(AB 11 UHR WARME KÜCHE)

MO UND DI RUHETAGE

WWW.
ZUMFROEHLICHENLANDMANN.DE

Strandbar Rüsselsheim

RÜSSELSHEIM

MOTOWN BEACH CLUB

SZENE & TREND | KÜCHE | PREISNIVEAU | AMBIENTE

Auch die Rüsselsheimer müssen nicht auf das Vergnügen verzichten, den Sommer in echter Urlaubsatmosphäre zu verbringen: Ein paar Gehminuten vom Marktplatz aus liegt die Rüsselsheimer „Strandbar" unmittelbar am Mainufer. Ein ansehnliches Areal wurde mit feinstem weißem Sand aufgefüllt – Liegestühle, Sonnenstühle und Lounge-Sitzecken warten auf die sonnenhungrigen Frischluftfanatiker. Bereits zur Mittagszeit kann man sich hier mit Pizza, Pasta oder Gegrilltem versorgen und dazu passende Cocktails direkt am Wasser schlürfen. Für die Verpflegung sorgt die Küche des gegenüberliegenden Hotels Mainterrasse. Wer das „Urlaubsparadies" erst nach Feierabend aufsuchen möchte, kann sich in der Shisha-Lounge niederlassen oder verfolgt das abwechslungsreiche Unterhaltungsangebot. Die Filmvorführungen, die Konzerte und Partys sorgen dafür, dass beim bunt gemischten Publikum gar nicht erst Langeweile aufkommt. Chillen, feiern oder einfach auf das Wasser schauen. Die Sonne, der Strand und das Meer – ein Traum von fernen Inseln und Küsten direkt in der Rüsselsheimer „Strandbar". Nicht die Sonder-, aber die besonderen Angebote – etwa die Riverboat Cruising Touren oder Kanu-Schnupperkurse – werden ebenso wie die unregelmäßig, aber häufig stattfindenden kulturellen Events auf der eigenen Homepage angezeigt.

STRANDBAR RÜSSELSHEIM
MOTOWN BEACH CLUB
MAINUFER, HÖHE RATHAUS
65428 RÜSSELSHEIM

TÄGLICH 11-23.30 UHR
IN DEN SOMMERMONATEN

WWW.
STRANDBAR-RUESSELSHEIM.DE

La Villa

RÜSSELSHEIM

ENTSPANNUNG
IN DER OPELVILLA

EDEL & FEIN | KÜCHE | PREISNIVEAU | AMBIENTE

Die Opelvillen in Rüsselsheim sind durch das Museum und die zahlreichen begleitenden kulturellen Veranstaltungen schon seit Langem eine feste Adresse für Kunstliebhaber. Zum Ensemble der Opelvillen zählen das Herrenhaus, die Villa Wenske sowie der neu gestaltete Zwischenbau. Das Herrenhaus ist ein ideal geeigneter, stimmungsvoller Ort für die regelmäßigen Präsentationen zeitgenössischer Kunst sowie der Kunst der klassischen Moderne. Der 1915 vom Werksdirektor Wenske in Auftrag gegebene Bau der kleineren Villa beherbergt heute das Restaurant "La Villa". Das mit viel Herz und Lebensfreude geführte italienische Ristorante präsentiert die Landesküche in hervorragender Qualität und Frische. Das perfekte Vitello tonnato, die hausgemachte Pasta, der Duft nach Basilikum und einem Hauch frischem Knoblauch lassen Feinschmeckerherzen höherschlagen. Besonders gut lässt sich all das auf der Terrasse des Lokals würdigen, die durch den modernen Glas-Beton-Anbau entstand und mitten in den Mainauen liegt. Man schaut zwar nicht auf toskanische Landschaften, aber der Blick auf den ruhig dahinfließenden Main entschädigt durchaus. Auf dieser Terrasse gerät man leicht in Urlaubsstimmung und fühlt sich, außer ordentlich freundlich betreut vom fachkundigen Service, rundherum gut aufgehoben.

RESTAURANT LA VILLA
LUDWIG-DÖRFFLER-ALLEE 9
65428 RÜSSELSHEIM

TEL. 06142 2100955
FAX 06142 2100966

DI-FR 12-15 UND 18.30-24 UHR
SA 18.30-24 UHR

SO 12-15 UND 18.30-24 UHR
MO RUHETAG

WWW.LAVILLA-RUESSELSHEIM.DE

KAPITEL 6 Mainz & Umgebung

Battenheimer Hof

BODENHEIM

RUSTIKALES AUSFLUGSLOKAL
MIT KINDERSPIELPLATZ

KIND & KEGEL | KÜCHE | PREISNIVEAU | AMBIENTE

Ein ideales Ziel für den kleinen Ausflug mit Kindern oder die sonntägliche Landpartie. Landhotel, Ferienhaus und vor allem Gutsschänke: Der „Battenheimer Hof" in Bodenheim ist ein gastliches Ensemble, das für viele Ansprüche den richtigen Rahmen bietet, auch Tagungen finden hier statt. Vor allem die Gutsschänke ist ein beliebter Anlaufpunkt für alle, die eine unkomplizierte, bodenständige Küche und die dazu passenden Weine schätzen. Wenn es die Witterung zulässt, sitzen die Gäste unter großen, Schatten spendenden Bäumen im lauschigen Garten an weiß gedeckten Tischen und bestellen, was die Gutsküche parathält. Das sind immer auch mal deftige Tagesempfehlungen, in aller Regel aber herzhafte Fleischgerichte wie das leckere Winzersteak, ein saftiges Rumpsteak und dazu einen frischen, knackigen Salat mit feinem Dressing. Natürlich gibt es auch Wurst- und Käse-Spezialitäten in guter Auswahl und bester Qualität. Eigene Weine, wie man vielleicht vermuten könnte, gibt es in der Gutsschänke nicht, dafür eine gute Auswahl an Gewächsen aus Rheinhessen. Die Preise für Essen und Trinken sind moderat, die Portionen hinreichend groß zum Sattwerden. Damit die Eltern in aller Ruhe die Gartensaison genießen können, gibt es für die kleinen Gäste einen großen Spielplatz im Hof. Achtung: Der „Battenheimer Hof" akzeptiert keine Kreditkarten.

BATTENHEIMER HOF
RHEINSTRASSE 2
55294 BODENHEIM

TEL. 06135 70940
FAX 06135 70950

DI-SO AB 17 UHR
MO RUHETAG

WWW.BATTENHEIMERHOF.COM

EINFACHE, BODENSTÄNDIGE KÜCHE
UND DIE DAZU PASSENDEN WEINE

Uriger Weinkeller

BODENHEIM

URIGES UND AUTHENTISCHES IM FREILUFTKELLER

REGIONAL & ORIGINAL | KÜCHE | PREISNIVEAU | AMBIENTE

Zugegeben, der Name des Lokals ist irreführend und lässt kaum vermuten, dass sich dort Genuss unter freiem Himmel finden lässt. In Bodenheim ist aber alles möglich und der „Urige Weinkeller" präsentiert sich mit einem schönen Innenhof, der zum Teil in die angrenzende Scheune übergeht.

Gebäude, Mauern, die alten Holzfässer und der Kopfsteinbelag schaffen eine gemütliche und authentische Atmosphäre, wie der Gast sie beim Winzer erwartet. An rustikalen Tischen werden unter Weinranken die hauseigenen Weine (alle durchweg trinkbar, der Chardonnay ist besonders zu empfehlen) ausgeschenkt. Dazu bietet die Karte Typisches aus der Gutsküche, manchmal auch etwas aufgepeppt und mit ein wenig französischer Landküche kombiniert. Besonders schön zu den Weinen passt zum Beispiel der überbackene Schafskäse, natürlich mit Knoblauch und einem rustikalen Bauernbrot. Hin und wieder werden auch saisonale Besonderheiten und hauseigene Spezialitäten auf die Karte gesetzt. Die Preise gelten in Bodenheim als gehoben, sind aber im Vergleich zum Gebotenen absolut in Ordnung. Jedenfalls lassen sich die Gäste davon nicht abhalten und gerade im Sommer muss man schon mal zusammenrücken. Den im Namen erwähnten Weinkeller gibt es selbstverständlich auch. Dieser hält, was er verspricht, ist aber eher der kühlen Jahreszeit vorbehalten.

URIGER WEINKELLER
LANGGASSE 20
55294 BODENHEIM

TEL. 06135 3497
FAX 06135 1643

VON MITTE JAN. BIS MITTE DEZ.
DI-FR AB 17 UHR
SA AB 16 UHR, SO AB 12 UHR

VON BODENHEIMERN EMPFOHLEN

Al Cortile

MAINZ-INNENSTADT

MODERNES AMBIENTE
IM HISTORISCHEN GEBÄUDE

GUT & BÜRGERLICH | KÜCHE | PREISNIVEAU | AMBIENTE

Der liebevoll und aufwendig restaurierte „Kartäuser Hof" ist eines der ältesten urkundlich erwähnten Gasthäuser in Mainz, denn hier bewirtete schon von 1171 bis 1395 die Familie „zur Eiche" über fünf Generationen ihre Gäste. Heute gehört er wieder zu den Schmuckstücken der Mainzer Gastronomie, hier treffen sich Jung und Alt und genießen, was Küche und Keller an italienischen Spezialitäten bereithalten. Inmitten von Altstadtgassen lässt die Häuserfront kaum den Innenhof vermuten, der stilvoll modern gestaltet wurde. Unter einer großen Markise, die vor zu viel Sonne schützt, genießt der Gast eine im besten Sinne typisch italienische Küche mit allem, was dazugehört: eine ausgezeichnete Auswahl, die keine Wünsche offenlässt, von Antipasti, die man sich auch gleich gemischt bestellen kann, über Fenchelsalami unter der Blätterteigkruste, Pasta in großer Auswahl bis hin zu klassischen Desserts: Hier locken Spezialitäten wie Zabaglione, Tartufo, getränkt in San-Marzano-Likör, die beliebte Pannacotta und natürlich auch ein Tiramisu. Die Besonderheit – nicht zu vergessen – ist im „Al Cortile" der mit Buchenholz befeuerte Steinofen, in dem die Pizza-Varianten ihren unverkennbaren Geschmack bekommen. Wer Pizza gern mag, sollte hier nicht zögern und sich einen der begehrten Plätze im schicken Innenhof reservieren!

AL CORTILE
KARTÄUSERSTRASSE 14
55116 MAINZ

TEL. 06131 617878

TÄGLICH 11.45-15 UND 18-24 UHR

WWW.ALCORTILE.DE

LIEBLINGSITALIENER
MIT HOLZOFEN

Andante

MAINZ-FINTHEN

GOURMETKÜCHE
IN GEPFLEGTER ATMOSPHÄRE

SZENE & TREND | KÜCHE | PREISNIVEAU | AMBIENTE

Wer idyllische Ruhe und kulinarischen Genuss vor den Toren der Stadt sucht, sollte sich nach Finthen ins „Atrium Hotel" aufmachen. Das „Andante" im privat geführten Designer-Hotel ist in Mainz sicherlich ein echter Stern am Gastronomie-Himmel, und ein Besuch in dem von Tobias Krämer äußerst kompetent geleiteten Restaurant lohnt sich immer, sowohl in kulinarischer Hinsicht als auch wegen des aufwendigen terrassenförmig angelegten Gartens mit Bachlauf. Hier fühlt man sich als Gast im eigentlichen Sinne, und die heimelige Atmosphäre des schicken Innenhofs bereitet einen bestens vor auf die Köstlichkeiten, die die Küche zu bieten hat. So lockt auf der Speisekarte für den Frühling der „Bachsaibling, mit Akaziensamen gebeizt und Limettenschaum" oder „Geräucherter Wildschweinrücken an Chilikirschen und Vanille-Emulsion". Die Hauptgerichte variieren Fisch und Fleisch: klassisch zubereitet mit Spätburgunderjus das norddeutsche Rinderfilet oder der kross gebratene Zander an Champagnerkraut und Mango-Mousseline. Beim Dessert hat man die Qual der Wahl zwischen Pannacotta von Erdbeere und Spargel mit Zitronen-Basilikum-Eis, Gugelhupf von weißer und brauner Schokolade mit Quarkeis und Himbeeren oder einer Käseauswahl. Auch für Vegetarier gibt es besondere Gerichte, die in Vor- oder Hauptspeisengröße geordert werden können. Die Getränkeauswahl lässt dazu keine Wünsche offen.

ANDANTE IM ATRIUM HOTEL
FLUGPLATZSTRASSE 44
55126 MAINZ

TEL. 06131 4910
FAX 06131 491128

MO–SA 18–23 UHR
SO RUHETAG

WWW.ATRIUM-MAINZ.DE

ALLES VOM BESTEN, UND DAS MIT PERSÖNLICHER NOTE

Bastion von Schönborn

MAINZ-KASTEL

SCHÖNER BLICK VOM ANDEREN UFER

KIND & KEGEL

KÜCHE

PREISNIVEAU

AMBIENTE

Einem Abend am Meer gleicht der Besuch in der „Bastion von Schönborn" in der Nähe des historischen Reduit aus napoleonischer Zeit, auf dessen Areal die Bastion steht. Hier, direkt am Rheinufer, mit Blick auf die Mainzer Altstadt inklusive des aus dem Häusermeer herausragenden Doms, hört man die Wellen der vorbeifahrenden Rheinschiffe an den Kasteler Strand schwappen, der zum Bundesland Hessen gehört. Aber die Mainzer Herzlichkeit wird auch in der „Bastion" gepflegt, der junge Service ist freundlich und hilft gerne bei der Auswahl der Speisen und Getränke. Die ganzjährig geöffnete Terrasse bietet Platz für 200 Personen, sodass ein Plätzchen zu ergattern sein müsste. Wer es rustikaler mag, kann sich im angrenzenden Biergarten mit dazugehörigem Naturstrand auch selbst bedienen. Hier fühlen sich Familien mit Kindern, Radfahrer und Hundebesitzer wohl. Die laufend wechselnde Tageskarte hält zum Beispiel eine Salatvariation mit gebratenem Thunfischsteak oder klare Tomatenessenz mit Muschelravioli bereit. Auch das günstige Kalbsrückensteak mit Pilzrahmsoße, Rissoleéskartoffeln und kleinem Salat oder der Spießbraten mit Kartoffelsalat zeigen, dass es programmgemäß etwas für jeden Geschmack und Geldbeutel gibt. Zum Schluss erfrischt das Zitronensorbet mit frischen Früchten. Ein idealer Ausflugstipp für die „ebsch seid" mit Blick auf Mainz.

BASTION VON SCHÖNBORN
RHEINUFER 12
55252 KASTEL

TEL. 06134 210860
FAX 06134 2108620

TÄGLICH AB 11 UHR

WWW.
BASTION-VON-SCHOENBORN.DE

DIREKT AM FLUSS SITZEN
UND AUF DIE STADT SCHAUEN

Restaurant Buchholz

MAINZ-GONSENHEIM

DIE NUMMER EINS
IN MAINZ

EDEL & FEIN | KÜCHE | PREISNIVEAU | AMBIENTE

Mit Frank Buchholz ist die Gastro-Szene rund um Mainz um einiges reicher und bunter geworden. Der talentierte Koch hat mitten im alten Ortskern sein schickes und geschmackvoll eingerichtetes „Restaurant Buchholz" inklusive Kochschule „Geschmackswerkstatt" eröffnet und bietet auf den begehrten Außenplätzen eine Küche vom Feinsten, zu fairen Preisen und vor allem mit Bodenhaftung, denn Buchholz schätzt frische regionale Produkte. Die kommen ideenreich und in bester Qualität auf den Teller. Zum Beispiel das würzige Ragout von Geflügelherzen auf Polenta, der originelle warme Tomaten-Brot-Salat mit Scampi, der „Stramme Max von der Wachtel" oder die marinierte Gänseleber mit heimischen Gewürzäpfeln. Zum gegrillten Zander tischt Buchholz einen Kuchen von mediterranem Gemüse auf, das Kaninchen wird von Schnippelbohnen und weißen Zwiebeln begleitet. Die durchdachte Weinkarte ist nach Geschmackstypen gegliedert, dazu gibt es ein sehr gutes Angebot an offenen Weinen. Der freundliche, aufmerksame Service sorgt für angenehme Stimmung. Achtung: Das Restaurant akzeptiert keine Kreditkarten – und bitte rechtzeitig reservieren!

RESTAURANT BUCHHOLZ
KLOSTERSTRASSE 27
55124 MAINZ OT GONSENHEIM

TEL. 06131 9712890
FAX 06131 9713675

MI-SA AB 18 UHR

WWW.FRANK-BUCHHOLZ.DE

UNKOMPLIZIERTE GOURMETKÜCHE
MIT PFIFF UND STIL

Tipp: Dr. Friedhelm Plogmann, Landesbank LRP

Cubo Negro

MAINZ-INNENSTADT

KULINARISCHE VIELFALT
UNTER FREIEM HIMMEL

EDEL & FEIN | KÜCHE | PREISNIVEAU | AMBIENTE

Wenn die Sonne lacht, ist das „Cubo Negro" ein beliebter Anlaufpunkt für alle, die inmitten der Stadt etwas Ruhe suchen und gleichzeitig nicht auf ein breites kulinarisches Angebot verzichten möchten. Denn was hier geboten wird, trifft jeden Geschmack und vor allem jede Gelegenheit: einfach

nur ein Eisbecher oder eine Kaffeespezialität nach einem Stadtbummel, ein kleiner Snack für zwischendurch oder aber der ausgiebige Mittagslunch oder das abwechslungsreiche Abendangebot aus dem Ristorante. Im „Cubo Negro" findet jeder das Passende, die Location – die auch innen übrigens richtig schick gestylt ist und sich auch für kühle Regentage empfiehlt – bietet gute Bistro- und Restaurantküche zu vernünftigen Preisen. Los geht es um 10 Uhr mit dem Farmer-Frühstück oder dem Breakfast-Klassiker für zwei Personen, zu dem auch ein Glas Prosecco gereicht wird. Gegen den kleinen Hunger helfen am besten knackige Salate, die reichlich belegten Pizzen oder klassische Pasta-Gerichte, nicht zu vergessen die frisch zubereiteten Burger, die mit Pommes serviert werden. Die Karte des Restaurants bietet neben variantenreichen Vorspeisen wie Ragout vom Pulpo oder Hummerraviolo auf Erbsenpüree gut gemachte Hauptgerichte, etwa Spanferkelkotelett mit Salbeijus, Crépinette vom Milchlamm oder gebratenen Kabeljau auf Apfel-Weißkraut-Risotto und poelierter Steinbutt mit hausgemachten Gnocchis.

CUBO NEGRO
KARMELITERPLATZ 4
55116 MAINZ

TEL. 06131 237977
FAX 06131 234361

SO–DO 10–1 UHR
FR UND SA 10–2 UHR

WWW.CUBONEGRO.DE

RUHE-OASE
IM SCHATTEN ALTER BÄUME

Gänsthaler's Kuchlmasterei

MAINZ-FINTHEN

ÖSTERREICHISCHE KÜCHE IN MAINZ

REGIONAL & ORIGINAL

KÜCHE

PREISNIVEAU

AMBIENTE

Das herausgeputzte Gasthaus in Finthen hat nicht nur einen gemütlichen Gastraum mit Empore. Sobald man durch das breite Hoftor geht, laden blühende Rosen, Oleander, Rhododendren und daneben duftende Gewürzkräuter zum Verweilen und Genießen im Sommer-Sonnenhof ein. Die Küche ist durchweg empfehlenswert, das Speisen- und Weinangebot macht immer wieder Lust auf die „Kuchlmasterei". Denn zur österreichisch inspirierten Küche mit frischen Eierschwammerl, hausgemachten Semmelknödeln, gekochtem Rindertafelspitz, einem echten Wiener Schnitzel und Wiener Zwiebelrostbraten kommen in den Freiluftmonaten saisonale Spezialitäten wie original Finther Spargel, in verschiedenen Varianten zubereitet, oder frische Fischdelikatessen aus Meer und See mit leichten Soßen und Beilagen. Aber auch Risotto, Pasta und Co. kommen mal herzhaft, mal pikant oder scharf auf den Teller. Zum Nachtisch empfehlenswert: süße Draiser Erdbeeren. Dazu bietet die Weinkarte allerlei Gewächse, natürlich auch aus Österreich. Eine gute Adresse für einen gelungenen kulinarischen Ausflug.

GÄNSTHALER'S KUCHLMASTEREI
KURMAINZERSTRASSE 35
55126 MAINZ-FINTHEN

TEL. 06131 474275

DI-FR 12-15 UHR, DI-SA AB 18.30 UHR
MO RUHETAG

WWW.
GAENSTHALERS-KUCHLMASTEREI.DE

ZU JEDER JAHRESZEIT
EMPFEHLENSWERT

Ein Tipp von Nanette Sciba, Sängerin

Haus des Deutschen Weines

MAINZ-INNENSTADT

DIE BESTE WEINAUSWAHL

GUT & BÜRGERLICH | KÜCHE | PREISNIVEAU | AMBIENTE

Nicht von ungefähr heißt das Restaurant „Haus des Deutschen Weines". Hier sind alle deutschen Anbaugebiete mit vielen Lagen, den meisten Rebsorten und insbesondere allen Qualitäten in vielen Preislagen vertreten. Die Auswahl ist riesig im besten Sinne des Wortes und jeder, der sich den am besten passenden Wein zu seinem Gericht aussuchen möchte, ist hier genau richtig: Direkt neben dem Mainzer Staatstheater, sozusagen direkt in der Stadt und ganz unter freiem Himmel sitzt man sehr gemütlich und doch mitten im Geschehen auf dem belebten Gutenberg-Platz.

Rings herum pulsiert das Mainzer Leben, ein idealer Ort, um neben einem guten Wein und Essen auch noch etwas von der Betriebsamkeit der Stadt zu spüren. Der Service ist freundlich und aufmerksam; selbst wenn alle Stühle besetzt sind, kommen Speisen und Getränke relativ schnell an den Tisch. Die Spezialität des Hauses ist ganz klar das Wild aus heimischen Wäldern. Aber auch Vegetarisches, wie Tofu vom Grill mit asiatischen Gewürzen, mariniert auf Blumenkohl-Kartoffelgemüse, oder klassische Hausmannskost im besten Sinne wie Tafelspitz auf Wirsinggemüse mit Butterkartoffeln und Meerrettichsoße oder Meenzer Spezialitäten finden sich auf der umfangreichen und attraktiv gestalteten Speisekarte. Viele der Wildgerichte kann man auch nach Hause mitnehmen und bekommt alles, was nötig ist, dazu – einschließlich einer mündlichen Kochanleitung.

HAUS DES DEUTSCHEN WEINES HDW
GUTENBERG-PLATZ 3-5
55116 MAINZ

TEL. 06131 221300
FAX 06131 221227

TÄGLICH 10-24 UHR

WWW.HDW-MAINZ.DE

SCHICK UND UNKOMPLIZIERT
DIREKT NEBEN DEM THEATER

Hyatt Hotel Bellpepper

MAINZ-RHEINUFER

UNVERBAUBARER RHEIN-BLICK

SZENE & TREND | KÜCHE | PREISNIVEAU | AMBIENTE

Wenn das schicke Hotel direkt am Rhein die Segel setzt, dann ist Sonne angesagt. Auf der Terrasse mit Blick zum Rhein sitzt man unter weißen Sonnensegeln und genießt nicht nur den herrlichen Ausblick auf den alten Strom, sondern vor allem eine Küche, die zu den besten in Mainz gehört.

Dafür sind die Preise recht moderat, die Qualität der Gerichte vom Feinsten. Je nach Wetterlage kann das erstklassige Frühstück ab 6.30 Uhr unter freiem Himmel genossen werden, später werden Lunch, Kaffee und Kuchen sowie Abendessen auf der Terrasse serviert. Die Kulinarien sind fein und abwechslungsreich, vom klassischen Caesar Salad mit Speck und Parmesan, hausgebeitztem Loup de Mer mit gegrillter Avocado bis zur Thaisuppe aus Hühnchen, Curry und Kokos und Pulpo-Carpaccio mit Pomelo serviert der freundliche Service alles auf schick eingedeckten Tischen. Das Dinner-Menü gibt es in einer 3- und einer 4-Gänge-Variation, die Hauptgerichte reichen vom saftigen Rinderfilet über den gebratenen Taunussaibling bis zum erstklassigen Spanferkelrücken in Pumpernickelkruste. Keinesfalls sollte man die leckeren Desserts verpassen. Das Getränkeangebot lässt keine Wünsche offen.

HYATT HOTEL BELLPEPPER
MALAKOFF TERRASSE 1
55116 MAINZ

TEL. 06131 731234
FAX 06131 731235

TÄGLICH 6.30-22.30 UHR

WWW.MAINZ.REGENCY.HYATT.DE

GOURMETKÜCHE
UNTER DEM SONNENSEGEL

Tipp: Fritz Hasselbach, Spitzenwinzer aus Nackenheim

Incontro

MAINZ-INNENSTADT

SEHEN UND GESEHEN WERDEN

EDEL & FEIN | KÜCHE | PREISNIVEAU | AMBIENTE

Das „Incontro", was so viel heißt wie Treffen, Begegnung, Zusammenkunft, gilt als der Szene-Italiener in Mainz, und wenn es um sehen und gesehen werden geht, sitzt man in dem schicken Restaurant richtig. Denn am zentralen Punkt der Augustinerstraße entgeht einem nichts und niemand. Schon gar nicht, wenn man einen der heiß begehrten Sitzplätze vor dem Restaurant ergattert hat. Das Ambiente mit weiß-grau eingedeckten Tischen und passenden Stühlen lässt auch draußen italienische Stilsicherheit erkennen. Auch die kulinarische Komponente kommt in der Trattoria und Enoteca mit gehobenem Anspruch nicht zu kurz. Schon die Auswahl an Vorspeisen lässt keine Wünsche offen: Carpaccio vom Lamm mit Feigencreme, Ruccola und Parmesan oder das klassische Vitello tonnato lassen Genießerherzen höherschlagen. Und das zu Recht. Die große Auswahl an leckeren Pasta-Gerichten aus frischen Nudeln gehört zu den besten in Mainz und ist durchweg empfehlenswert. Tipp: schwarze Tortellini mit Lachsfüllung und frischen Tomaten. Die umfangreiche Karte mit Fleischgerichten – hier konzentriert man sich auf Kalb, Lamm und Rind – zeigt den hohen Anspruch der Küche. Den passenden Wein zum Essen zu finden ist bei der ausschließlich mit italienischen Erzeugnissen bestückten Weinkarte zu moderaten Preisen leicht möglich.

INCONTRO
AUGUSTINERSTRASSE 57
55116 MAINZ

TEL. 06131 238221
FAX 06131 9129846

DI-SO 11-24 UHR
MO RUHETAG

WWW.RISTORANTE-INCONTRO.DE

SCHICKER ITALIENER
MIT ABWECHSLUNG AUF DER KARTE

Rheingold

MAINZ-INNENSTADT

CHIC
AM RHEINUFER

SZENE & TREND | KÜCHE | PREISNIVEAU | AMBIENTE

Eine empfehlenswerte neue Adresse im Mainzer Gastro-Angebot und eine Bereicherung der Mainzer Freiluftsaison. Hier ist alles neu und erstrahlt in schickem, elegantem Glanz. Das „Rheingold“, direkt an der Rheingoldhalle gelegen, wurde erst kürzlich eröffnet, zählt aber jetzt schon zu den angesagten Adressen für ein luftiges Terrassenvergnügen mit Blick auf den Rhein. Der Gast hat die Qual der Wahl, denn der junge und freundliche Service des „Rheingolds“ bespielt gleich zwei Außenplätze: oben auf dem Platz in der Nähe des Rathauses und gleichzeitig unten auf der Terrasse direkt an der Rheinpromenade. Unten ist der Blick sicher schöner, auf der oberen Terrasse fällt er immer wieder auf das Rathaus, dessen Architektur nicht jedermanns Geschmack sein dürfte. Das Angebot ist aber auf beiden Terrassen gleich. Der Frühstücksservice beginnt an sieben Tagen der Woche um 10 Uhr, für Spätaufsteher stehen die „Guten Morgen Leckereien“ in verschiedenen Variationen bis 15 Uhr zur Verfügung. Neben einer guten und reichlichen Auswahl an Vorspeisen, Salaten, Suppen, Zwischengerichten, frischen Fisch- und Fleischgerichten wird der Kundschaft eine täglich wechselnde Karte mit kleinen Gerichten zu relativ günstigen Preisen offeriert. Ein äußerst umfangreiches Angebot an Heißgetränken, Tee- und Kaffeespezialitäten sowie Säfte, Softdrinks, Limos, Bier und Wein ergänzen das kulinarische Vergnügen im „Rheingold“.

RHEINGOLD
JOCKEL-FUCHS-PLATZ 3
55116 MAINZ

TEL. 06131 5531954
FAX 06131 5531956

SO-DO 10-2 UHR
FR 10-3 UHR, SA 9-3 UHR

WWW.RHEINGOLD-MAINZ.COM

NEU UND DURCHGESTYLT, ABER TROTZDEM LOCKER

Turm

MAINZ-BUDENHEIM

GUTE AUSSICHT
NICHT NUR FÜR WANDERER

KIND & KEGEL | KÜCHE | PREISNIVEAU | AMBIENTE

Fährt man aus Mainz am Rhein entlang in Richtung Westen und lässt den Ort Budenheim auch noch hinter sich, gelangt man nach wenigen Kilometern, der Ausschilderung Schloss Waldhausen folgend, zum Abzweig des Restaurants „Turm". Mitten im Wald, auf einer Anhöhe mit malerischem Blick in Richtung Mainz, erwartet den Gast ein schöner Biergarten mit rund 300 Sitzplätzen und eine mit klassischen Holzmöbeln bestückte Terrasse. Schöner kann man kaum sitzen und die entspannende Ruhe genießen, die sich fernab der Stadt ausbreitet. Dazu bietet der „Turm" eine gleichermaßen ländlich rustikale sowie internationale Küche, die eine Einkehr interessant macht. Zu moderaten Preisen findet man eine reichliche Auswahl an Gerichten, angefangen beim Frühstück über kleine Snacks und Vorspeisen, großzügig garnierte Salate bis hin zu frischen Burgern und herzhaften Fleischgerichten, die der flotte, junge Service zügig serviert. Natürlich gibt es dazu die passenden Getränke, heiß oder kalt, je nach Lust und Laune – und nach Wetterlage. Wenn dann die Temperaturen fallen, sorgen Heizpilze für eine angenehme Wärme und verlängern das Freiluftvergnügen. Der engagierte Chef lässt bei seinen Gästen keine Langeweile aufkommen und organisiert regelmäßig Events von Stand-up-Comedy bis zur Latino Night. Ein Blick auf die Homepage gibt in jeder Hinsicht Auskunft!

TURM
RESTAURANT CAFÉ BIERGARTEN
IM WALD 3, 55257 BUDENHEIM
TEL. 06131 1437214

MO-FR 11.30-24 UHR, SA, SO,
FEIERTAGE 10-24 UHR

WWW.TURMMAINZ.DE
AUSFLUGSLOCATION MIT STIL,
GUTER KÜCHE UND UNTERHALTUNG

Weinhaus Wilhelmi

MAINZ-INNENSTADT

EINE DER SCHÖNSTEN
MAINZER WEINSTUBEN

GUT & BÜRGERLICH | KÜCHE | PREISNIVEAU | AMBIENTE

Kommt man die Rheinstraße entlanggefahren, ist das kleine „Weinhaus Wilhelmi" leicht zu übersehen. Das wäre schade, denn bei einem Besuch in Mainz sollte man nicht versäumen, einen Blick in die traditionsreiche Weinstube zu werfen, die zu den schönsten und gemütlichsten in der Stadt zählt. Schon seit dem Jahr 1888 wird hier ausgeschenkt, ein Teil der Einrichtung und die Wandgemälde stammen aus dieser Zeit. An den Wänden hängen die Fotos und Autogrammkarten von Schauspielern, Politikern, Sportlern, aber vor allem von der Mainzer Lokalprominenz und den Fastnachtsgrößen in vollem Ornat und mit Orden geschmückt. Wer im „Wilhelmi" im Freien sitzen möchte, muss durch die Weinstube und über die Wendeltreppe nach unten gehen. Denn die wenigen Tische und Stühle stehen auf der Rückseite des Hauses, hier allerdings sitzt man geschützt wie in einem kleinen Innenhof und kann in aller Ruhe das genießen, was die Küche auf die Teller bringt. „Wilhelmi"-Wirtin Christina Schickert, die selbst noch den Wein an den Tisch bringt, empfiehlt die erstklassige Fleischwurst vom Metzger Graaf mit warmem Kartoffelsalat, gebackene Leberwurst mit Sauerkraut und Quellmännern – in Wein getränkter Handkäs' – und natürlich die Spezialität des Hauses: ein Schwenksteak mit Zwiebeln. Zu alledem werden Weine aus Rheinhessen und dem Rheingau aufgetischt.

WEINHAUS WILHELMI
RHEINSTRASSE 53
55116 MAINZ
TEL. 06131 224949

TÄGLICH 17-24 UHR

WWW.WEINHAUS-WILHELMI.DE

GEMÜTLICHKEIT
IN LAUSCHIGER GASSE

Zum Goldstein

MAINZ-INNENSTADT

PLATZ UNTER
DER KASTANIE

REGIONAL & ORIGINAL | KÜCHE | PREISNIVEAU | AMBIENTE

Ein Treffpunkt für viele Mainzer zum gemütlichen Freiluftschmaus. Einige Meter über den verwinkelten Gassen der Altstadt thront der Garten, der sich an das historische Gebäude dieses erstmals im Jahr 1568 urkundlich erwähnten Gasthofes anschließt. Nach umfangreicher Renovierung wurde es 1993 unter seinem alten Namen wiedereröffnet und lädt unter einer meterhohen alten Kastanie zum Verweilen und Genießen ein. Bei schönem Wetter ist es schwer, ein freies Plätzchen zu finden, aber auch kürzere Wartezeiten lohnen die Mühe. Denn die abwechslungsreiche Karte einer eher feinen regionalen Küche hält Exotisches – wie etwa eine Möhren-Orangen-Ingwersuppe – und auch Bodenständiges wie die schmackhafte elsässische Leberpastete, das Carpaccio vom Saumagen und den Ziegenkäse im Teig gebacken als Vorspeise bereit. Als Hauptgericht lockt eine würzige Bärlauchbratwurst oder die leckere Zungensülze mit Kräuter-Senf-Soße, die immer wieder empfehlenswert ist. Wen die Fleischeslust packt, der sollte unbedingt – wenn im Angebot – die Lammhaxe mit Ratatouille bestellen; das saftige Rumpsteak, wahlweise mit Zwiebeln oder Kräuterbutter und knusprigen Bratkartoffeln, ist immer die beste Wahl. Wer sich als Nachtisch den Sahnepudding nach Großmutters Art entgehen lässt, ist selber schuld. Passende Weine zum Essen finden sich ebenfalls auf der gut sortierten Karte, die gerne Pfälzer Tropfen empfiehlt. Bitte die Tagesangebote beachten.

ZUM GOLDSTEIN
KARTÄUSERSTRASSE 3
55116 MAINZ

TEL. 06131 236576

SO-FR AB 17 UHR
SA AB 12 UHR

ROMANTISCHER GARTEN
IN DER ALTSTADT

KAPITEL 7 Der Rheingau

Burg Crass

ELTVILLE

GENIESSEN MIT BLICK AUF DEN RHEIN

SZENE & TREND	KÜCHE	PREISNIVEAU	AMBIENTE

Neben Lastkähnen, Frachtern, Ausflugsdampfern, Paddlern und Segelbooten sind auch die vorbeiziehenden Schwäne von der Terrasse der „Burg Crass" bestens zu beobachten. Direkt am Rheinstromkilometer 510,8 sitzen die Gäste im herrlichen Platanengarten der Burg und können den Blick über

die Eltviller Au und das Schlösschen derer zu Sierstorpff schweifen lassen. Entspanntes Urlaubsfeeling ist hier, unter den gut 150 Jahre alten schattigen Bäumen, deren üppiges Blattwerk dem Genießer im Sommer ein natürliches Dach bietet, angesagt. „Bei uns ist ‚Herzlich Willkommen' wörtlich gemeint", so Gastgeberin Kristina Boggusch. Im Restaurant „Crass" bietet Küchenchef Thomas Richter klassische Landküche mit Weinen aus der Region und aus weiteren Anbaugebieten Deutschlands. In den Burgstuben ist die feine Esskultur angesagt. Von März bis Oktober ist die herrliche Terrasse mit Paradeblick auf den Rhein geöffnet. Hier gibt es ab Mai jeden Mittwoch den „Burggrill" mit Steaks, Garnelenspießen, Maiskolben und mehr – frisch vom Holzkohlegrill zu Brot und verschiedenen Dips. Jeden Sonntag geht es zum Verschnaufen in den „Radlergarten" im Park der Burg. Bei Rostbratwurst, Spundekäs' und Brezeln kann man auch hier den Ausblick genießen.

BURG CRASS
FREYGÄSSCHEN 1
(ZUFAHRT ÜBER DIE WALLUFER STRASSE)
65343 ELTVILLE AM RHEIN

TEL. 06123 975110
FAX 06123 9751129

TERRASSE (MÄRZ BIS OKT.)
TÄGLICH 10-23 UHR

WWW.BURGCRASS-ELTVILLE.DE

Im Baiken

ELTVILLE

STAATLICH
STATTLICH GENIESSEN

REGIONAL & ORIGINAL | KÜCHE | PREISNIVEAU | AMBIENTE

Das Domänenweingut Rauenthal ist der jüngste Betrieb der hessischen Staatsweingüter. Als 1896 eine Beerenauslese aus Rauenthaler Lage in Paris die Goldmedaille errungen hatte, wuchsen in den preußischen Amtsstuben die Begehrlichkeiten. Es brauchte aber noch weitere vier Jahre, bis die Königlich Preußische Regierung in den Besitz hochwertiger Lagen im Rauenthaler Berg gelangen konnte. Nicht ganz leicht zu finden, dafür aber mehr als lohnend ist der Weg mitten in die Weinberge hinein. Den Gast erwartet eine wundervolle, zum Teil überdachte Terrasse, ein üppig bepflanzter Garten und eine tolle Aussicht über die Rebhänge. Neue Pächterin ist die 11te Generation GmbH, hinter der die Sterneköche Egbert Engelhardt, Kazuya Fukuhira und Rolf Laudenbach stehen. Sie haben das Restaurant renoviert, den rustikalen Charakter aber erhalten und die Terrasse auf rund 120 Plätze vergrößert. Künftig soll den Gästen eine regionale Küche mit viel Abwechslung auf der Grundlage ausgesuchter Produkte geboten werden. Die passt natürlich hervorragend zu exklusiven Weinen der Rheingauer Staatsweingüter.

HESSISCHE STAATSWEINGÜTER GMBH
STAATSDOMAINE RAUENTHAL
WIESWEG 86
65343 ELTVILLE AM RHEIN
TEL. 06123 900345, FAX 900778

DI-FR AB 17 UHR, SA AB 15 UHR
SO UND FEIERTAGE AB 11 UHR
MO RUHETAG
WWW.BAIKEN.DE

MITTEN IN DEN WEINBERGEN
DAS LEBEN GENIESSEN

Tipp: Bundesverteidigungsminister Dr. Franz-Josef Jung

Klosterschänke Eberbach

ELTVILLE-HATTENHEIM

KLÖSTERLICHE GASTFREUNDSCHAFT

KIND & KEGEL | KÜCHE | PREISNIVEAU | AMBIENTE

Das 1136 gegründete Kloster ist ein Schmuckstück des Rheingaus und für Besucher ein Muss. Die Tradition klösterlicher Gastfreundschaft zu pflegen, hat sich Familie Marschollek zur Aufgabe gemacht, die in der historischen Klosterschänke „weltlichen Durchreisenden in den Mauern der Abtei Speis und Trank und Herberge" bietet. Im Garten der „Klosterschänke" kann man im Sommer die Zeit einfach mal vergessen und sich in klösterlicher Ruhe von der Hektik des Alltags erholen. Rund 150 schattige Plätze bietet die Familie Marschollek mitten im Klostergarten vor den Steinstufen zur Schänke hin, die in den ehemaligen Stallungen mit Kreuzgewölben tief ins mittelalterliche Klosterleben eintauchen lässt. Ein überaus freundliches Serviceteam kümmert sich um die Belange der Besucher. Die reichhaltige Speisekarte bietet ausgesuchte Weine aus dem „hauseigenen" hessischen Staatsweingut und Leckereien aus der Küche der „Klosterschänke". Und während Mama und Papa sich Saisonspezialitäten wie Kräuternudeln mit Rahmpfifferlingsoße und sommerlichen Salat schmecken lassen, können die Kinder auf dem angrenzenden Naturspielplatz in Weidenhäuschen Verstecken spielen.

KLOSTERSCHÄNKE IM KLOSTER EBERBACH
65347 ELTVILLE-HATTENHEIM

TEL. 06723 993299
FAX 06723 993100

DIE TERRASSE IST VON MAI BIS OKTOBER GEÖFFNET

TÄGLICH AB 11.30 UHR
WWW.KLOSTEREBERBACH.COM

KULINARISCH EINTAUCHEN IN DAS MITTELALTER

Tipp: Michael Apitz, Künstler und Comiczeichner

Kronenschlösschen

ELTVILLE-HATTENBACH

EXOTISCHER GARTEN
MIT GROSSER TERRASSE

EDEL & FEIN | KÜCHE | PREISNIVEAU | AMBIENTE

Als nobles Landhotel 1894 erbaut, präsentiert sich das „Kronenschlösschen" heute als Spitze der Rheingauer Nobelgastronomie direkt am Rhein in Hattenheim. Und auch der romantische Garten mit exotischen Bäumen wie einem Affenschwanzbaum und einem Mammutbaum, der auch einem Blitzschlag standhielt, ist sehenswert. Beim ersten warmen Sonnenstrahl tummeln sich die Gäste schon auf der großen, sonnigen Restaurant- oder der kleineren Bistroterrasse. 70 Plätze bietet das Restaurant unter freiem Himmel. Hier kann man die erlesenen Kreationen aus der Küche von Patrik Kimpel und seiner Crew genießen. Die gehört unbestritten zum Besten, was deutsche Restaurants zu bieten haben. Eine perfekte Kombination von Menü und Weinen ist garantiert, und das Serviceteam verwöhnt mit herzlicher Gastlichkeit im besten Wortsinn. Kleine Köstlichkeiten, Kaffee und Kuchen und ein täglich wechselndes Menü erwarten die Gäste schon zur Mittagszeit auf der Bistroterrasse mit rund 40 Plätzen.

KRONENSCHLÖSSCHEN
RHEINALLEE
65347 ELTVILLE-HATTENHEIM

TEL. 06723 640
FAX 06723 7663

TÄGLICH 12-14 UHR
UND 19-22 UHR

WWW.KRONENSCHLOESSCHEN.DE

HÖCHSTE GENÜSSE VERWÖHNEN

Schloss Reinhartshausen

ELTVILLE-ERBACH

PRINZESSIN MARIANNE AUF DER SPUR

EDEL & FEIN | KÜCHE | PREISNIVEAU | AMBIENTE

Zu einem der schönsten Häuser des Rheingaus gehört ganz unbestritten das Erbacher Schloss Reinhartshausen, das 1801 erbaut und 1855 von Prinzessin Marianne zu Preußen erworben wurde. Die „Prinzess", wie die Erbacher sie heute noch liebevoll nennen, war eine ungewöhnliche und in mancher Hinsicht unkonventionelle und fortschrittlich denkende Frau, die aus ihrem Schloss einen kulturellen Anziehungspunkt machte. Über 600 Gemälde gehörten zu ihrer Kunstsammlung, von denen noch heute einige im Schloss Reinhartshausen zu sehen sind. Von jeher war Gastfreundschaft im Schloss Tradition, Prinzessin Marianne beherbergte auch zahlreiche junge Künstler. 1902 wurde ihr zu Ehren die Rheinaue bei Erbach in Mariannenaue umbenannt. Von 1987 bis 1991 wurde das heutige Hotel aufwendig restauriert und um einen Westflügel erweitert. Seit einigen Jahren ist das Haus eines der „Leading Small Hotels of the World" und wird von Kempinski geführt. Gleich drei große Sandsteinterrassen und einen herrlichen Wintergarten haben die zwei Restaurants und die Bar des Fünf-Sterne-Hauses zu bieten. Die kulinarischen Angebote und der Service sind selbstverständlich vom Feinsten. Ein objektiver Tipp: Unbedingt die Rieslingtorte probieren!

SCHLOSS REINHARTSHAUSEN
KEMPINSKI
RESTAURANT WINTERGARTEN

HAUPTSTRASSE 41
65346 ELTVILLE-ERBACH

TEL. 06123 6760
FAX 06123 676400

WWW.SCHLOSS-HOTEL.DE

DURCHGEHEND GEÖFFNET

Zur Traube

ELTVILLE-ERBACH

MIT VOGELGEZWITSCHER
UND WASSERPLÄTSCHERN

KIND & KEGEL | KÜCHE | PREISNIVEAU | AMBIENTE

Das Gasthaus „Zur Traube" in Erbach bietet seit 50 Jahren Rheingauer Gastfreundschaft, die vor allem auch die Einheimischen sehr zu schätzen wissen. Seit einem halben Jahrhundert fest in der Hand der Familie Kohlhaas, wird hier die gutbürgerliche Küche – Rheingauer Schmankerl, frischer Fisch – und selbstverständlich jeden Sonntag eine wechselnde Saisonkarte geboten. Die Chefin Annelore Kohlhaas steht selbst am Herd und garantiert frische Zubereitung aus heimischen Zutaten. Im Sommer kann man dies alles in einem schattig kühlen Innenhof genießen, den die Familie Kohlhaas sehr liebevoll gestaltet hat. Eine große Platane wirft ihren Schatten über fast alle Tische, an denen rund 80 Gäste Platz finden. Außerdem gibt es die großen Sonnenschirme und den plätschernden Brunnen. Zu zehn verschiedenen Sorten Schnitzel und guten Erbacher Weinen zwitschern die Vögel natürlich gratis – denn der Innenhof hat eine große Voliere mit Exoten. Das ist es, was vor allem die Kinder begeistert, die hier von ganzem Herzen willkommen sind. Der Service liegt in der Hand von Tochter Conny Kohlhaas, die sich überaus freundlich um die Wünsche der Gäste kümmert.

WEINHAUS ZUR TRAUBE
FRANSECKYSTRASSE 2
65346 ELTVILLE-ERBACH

TEL. UND FAX 06123 62643

DI-SA AB 15.30 UHR
SO 11.30-14.30 UHR
MO RUHETAG

FAMILIÄRE ATMOSPHÄRE

Burg Schwarzenstein

GEISENHEIM-JOHANNISBERG

GENUSS MACHT
DAS LEBEN ANGENEHM

EDEL & FEIN | KÜCHE | PREISNIVEAU | AMBIENTE

Inmitten der Weinberge, fernab vom Trubel des Alltags, liegt hoch über dem Rhein, umgeben von einem weitläufigen Park, die romantische Burg Schwarzenstein. Der Frankfurter Bankier und Weinhändler Peter Arnold Mumm hatte einst den Grundstein für eine repräsentative Villa am Ortsausgang von Johannisberg gelegt. Seine Nachkommen erweiterten den Besitz, und als für den erworbenen Adelstitel ein Stammsitz benötigt wurde, errichteten sie die Burg Schwarzenstein. In den letzten Jahren wurde das Anwesen aufwendig renoviert. Der Besucher fühlt sich in einen Garten im Süden Europas versetzt. Auch die Gebäude erstrahlen endlich wieder in neuem Glanz. Das geschmackvolle Interieur unterstreicht die gehobenen Ansprüche des Hauses. Speisen kann der Gast im romantischen Kamin- und Erkerzimmer, im Wintergarten und auf der weinberankten, großen überdachten Sommerterrasse mit atemberaubendem Ausblick auf den gesamten Rheingau. Ganz neu ist auch der rundum verglaste Pavillon, der im Sommer zu einer großen überdachten Panoramaterrasse geöffnet werden kann.

Zwei Restaurants stehen dem Gast zur Auswahl: das auf Regionales ausgerichtete „Burgrestaurant" und das mit einem Stern dekorierte Gourmetrestaurant „Burg Schwarzenstein". Die Weinkarte ist in beiden gleich und entfaltet ein reichhaltiges Angebot ausgesuchter Rheingauer Rieslinge sowie besondere Tropfen aus Italien, Frankreich und der Neuen Welt.

BURG SCHWARZENSTEIN
ROSENGASSE 32
65366 GEISENHEIM-JOHANNISBERG

TEL. 06722 99500
FAX 06722 995099

MI-SO 12-14.30 UHR
UND 18-22 UHR
MO UND DI RUHETAGE

WWW.BURG-SCHWARZENSTEIN.DE

Weingut Fritz Allendorf

OESTRICH-WINKEL

WEIN-ERLEBNISWELT

KIND & KEGEL | KÜCHE | PREISNIVEAU | AMBIENTE

Den Wein mit allen Sinnen genießen – und dies in einer besonderen Ausstellung. Hausherr Ulrich Allendorf hat sich gemeinsam mit seinem Winzerkollegen und Schwager Josef Schönleber einen Traum erfüllt und in der ehemaligen Kelterhalle des Weinguts einen Erlebnis-Parcours rund um den Wein, seine Aromen, seine Farbe und vor allem seinen Geschmack eingerichtet. Über 100 Weine und Sekte können die Besucher in dieser „Wein.Erlebnis.Welt." probieren. Nach diesem Extra lädt der weitläufige Gutshof mit gedeckten Tischen bis in die sonnigen Herbstwochen unter den freien Himmel ein. Dutzende blühende Oleander und dichte Rebendächer umhüllen den lauschigen Hof. Die Auswahl an Weinen ist groß. Die Tochter des Hauses bietet neben der ständigen Karte saisonale Spezialitäten an: Rindfleischsalat mit Bratkartoffeln, Schinkenbraten mit Grüner Soße oder griechischen Salat mit Schafskäse. Kinder dürfen sich einen Wunschteller zusammenstellen und kostenlos hausgemachten Traubensaft trinken. Außerdem gibt es einen großen, gut einsehbaren Spielplatz im Hof des Weinguts.

WEINGUT FRITZ ALLENDORF
KIRCHSTRASSE 69
65375 OESTRICH-WINKEL
(ORTSTEIL WINKEL)
TEL. 06723 91850, FAX 918540
APR.-JUN. UND SEPT.-OKT.
FR AB 16 UHR
SA, SO UND FEIERTAGE AB 12 UHR
WWW.ALLENDORF.DE
FRÖHLICHE WEINRUNDEN
MIT DER GANZEN FAMILIE

Tipp: Wolfgang Junglas, SWR-Redakteur

Gutsausschank Hamm

OESTRICH-WINKEL

ÖKOLOGISCH
GENIESSEN UND SCHLEMMEN

REGIONAL & ORIGINAL | KÜCHE | PREISNIVEAU | AMBIENTE

Im „Weingut Hamm“ in der Winkeler Hauptstraße offenbart sich hinter einem großen, alten Holztor einer jener Winzerhöfe, die den Rheingau bekannt und beliebt gemacht haben. Im Schatten des historischen Kelterhauses, in dem Jazzfreunde schon manches wunderbare Konzert gehört haben, sitzt man stilvoll und gemütlich unter den Hausweinreben, den Feigen und dem Oleander. Das Ensemble ist so reizvoll, dass es schon oft als Kulisse für Fernsehproduktionen gedient hat. An der wuchtigen Holztheke bedienen nette junge Leute und bringen kulinarische Köstlichkeiten aus der Rheingauer Gutsküche, die direkt aus dem Küchenfenster gereicht werden. „Wichtig ist das Zusammenwirken verantwortungsbewusster ökologischer Landwirtschaft, werterhaltender, fachgerechter Veredlung und eines überschaubaren regionalen Handels“, lautet das Motto der Familie Hamm. Deshalb stammt der Wein ausschließlich aus eigenem ökologischem Weinbau, und die „Woihinkelcher“ (Huhn mit Weinsoße) sind garantiert aus artgerechter Haltung. In herrlichem Ambiente genießt man im „Weingut Hamm“ eine ökologische Jahreszeitenküche mit vorzüglichem, gesundem Gaumenkitzel, wozu auch Klassiker der eleganten und gutbürgerlichen Küche gehören.

WEINGUT HAMM
HAUPTSTRASSE 60
65375 OESTRICH-WINKEL
(ORTSTEIL WINKEL)
TEL. 06723 991375, FAX 87666

MO-SA AB 18 UHR
SO AB 12 UHR
MONTAG RUHETAG

WWW.HAMM-WINE.DE

HIER DREHTE SCHON
DAS FERNSEHEN

Schloss Vollrads

OESTRICH-WINKEL

HARMONIE
VON SPEISE UND WEIN

EDEL & FEIN | KÜCHE | PREISNIVEAU | AMBIENTE

Das „Gutsrestaurant" im Garten von Schloss Vollrads ist ein idealer Ort für Erholung, Genuss und Geselligkeit. Auf der herrlichen, großen Terrasse des Restaurants im Schatten des historischen, 1650 erbauten Kavaliershauses lässt es sich angenehm verweilen. Der Blick schweift über den weitläufigen Schlossgarten mit Fischweiher und geschichtsträchtigem Wasserturm aus dem 14. Jahrhundert. Auch im Inneren vermittelt das hochherrschaftliche Ambiente ein Gefühl gehobener Gastlichkeit. Die Orangerie, ein über drei Etagen gehender Glasanbau, ermöglicht an kühlen Tagen einen freien Blick nach draußen. Das junge und engagierte Team unter der Leitung von Harald Schmitt verwöhnt die Kundschaft und vermittelt klassische Weinkultur sowie herzliche Gastlichkeit. Küchenchef Alexander Ehrgott setzt im Schloss Vollrads auf eine regionale, leicht mediterran angehauchte Küche. Schwerpunkt sind dabei ökologisch-biologische Produkte wie Biokäse von der Käserei Wangen im Allgäu, Vulcanoschinken aus der Steiermark oder schwäbisch-hällisches Landschwein. Teilweise werden diese Köstlichkeiten und Spezialitäten auch zum Verkauf und zum Mitnehmen angeboten. Im Ausschank befindet sich selbstverständlich auch der Wein des Weingutes Schloss Vollrads – eines der traditionsreichsten Weingüter im Rheingau.

GUTSRESTAURANT
IM KAVALIERSHAUS
DES SCHLOSSES VOLLRADS

65375 OESTRICH-WINKEL
(ORTSTEIL WINKEL)

TEL. 06723 5270
FAX 06723 998227

TÄGLICH 12-23 UHR

LANDSCHAFTLICH
REIZVOLL

Die Wirtschaft

OESTRICH-WINKEL

REBEN
BIS INS GLAS

SZENE & TREND | KÜCHE | PREISNIVEAU | AMBIENTE

Dicht bewachsen mit wilden Reben, Oleander und Rosen ist der Hof der „Wirtschaft" im Weingut Basting-Gimbel. Der kleine Bachlauf im Eingang unterstreicht die gemütliche und anheimelnde Atmosphäre. Durstige Wanderer und hungrige Genießer sind hier gleichermaßen herzlich willkommen.

Küchenchef Florian Kreller begann seine Karriere als Koch nur wenige Meter weiter im legendären „Grauen Haus", seine Ehefrau Beate stammt aus dem Schwarzwald und startete ihre gastronomische Laufbahn im „Hirsch" in Schramberg. Der grün blühende Hof des traditionsreichen Weinguts Basting-Gimbel bietet rund 50 Personen an schönen Holztischen Platz. Ein Teil des Hofes besteht aus einer urigen Scheune mit Rebenholzdecke – ein Regenschauer lässt sich also wunderbar überstehen. Dienstags wird gegrillt, dazu gibt es frische Salate. Krellers Küche ist von mediterranen Akzenten geprägt und bietet außerdem Klassiker der gutbürgerlichen Küche auf gehobenem Niveau, auch schon zur Mittagszeit. Die Weinkarte empfiehlt vom kernigen Zechwein bis zur edlen Beerenauslese für jeden das Richtige.

DIE WIRTSCHAFT
WEINGUT BASTING-GIMBEL
HAUPTSTRASSE 70
65375 OESTRICH-WINKEL
(ORTSTEIL WINKEL)
TEL. 06723 7426, FAX 06723 998328
DI-SA 12-14.30 UND AB 18 UHR
SO 11.30-15 UHR
WWW.DIE-WIRTSCHAFT.NET
SCHATTIGER PLATZ
AN HEISSEN TAGEN

Tipp: Hubert Lotz, Verleger des „Rheingau-Echos"

Gutsausschank Zehntenhof

OESTRICH-WINKEL

TRADITIONSGASTRONOMIE

GUT & BÜRGERLICH | KÜCHE | PREISNIVEAU | AMBIENTE

Mehr als ein Dutzend blühende Oleander in riesigen Blumentöpfen und hübsche runde Teakholztische unter großen, Schatten spendenden Schirmen laden entlang der historischen Bruchsteinmauer im Winkeler „Zehntenhof" zum Seele-baumeln-Lassen ein. Der versteckt gelegene Hinterhof ist mit dem im Rheingau berühmten, sogenannten „Sträußje" gekennzeichnet, gehört aber dennoch zum ganzjährig geöffneten Gutsausschank des renommierten Weingutes Ohlig. Heinz Roder hat das Restaurant im Jahr 2001 übernommen und steht natürlich auch selbst am Herd. Roder ist seit Jahrzehnten ein bekennender Rheingauer Gastronom, den nicht nur die Einheimischen schätzen. Aus seiner Küche kommen jahreszeitliche Saisongerichte und Rheingauer Spezialitäten, die aus garantiert frischen und heimischen Produkten zubereitet werden. Zu allen Speisen werden ausschließlich Weine des hauseigenen Gutes angeboten. Der mosaikgepflasterte und praktischerweise zum Teil überdachte Hof bietet etwa 70 Gästen Platz.

GUTSAUSSCHANK ZEHNTENHOF
HAUPTSTRASSE 68
65375 OESTRICH-WINKEL
(ORTSTEIL WINKEL)
TEL. 06723 888652, FAX 998142

WERKTAGS AB 16 UHR
SO UND FEIERTAGE (BEI SCHÖNEM WETTER) AB 12 UHR

WWW.WEINGUT-JOHANNES-OHLIG.DE

ENTSPANNENDE ATMOSPHÄRE

Zum Rebhang

OESTRICH-WINKEL-HALLGARTEN

NATUR
PUR

REGIONAL & ORIGINAL | KÜCHE | PREISNIVEAU | AMBIENTE

Malerisch hoch über Hallgarten liegt das Hotel-Restaurant „Zum Rebhang" am Rand der Siedlung Rebhang. Schon von Weitem ist das von der Familie Bocks seit 14 Jahren mit überaus freundlichem Service geführte Haus zu sehen. Oben angekommen, lässt sich vom Restaurant ein wunderbarer Panorama-Blick auf die sanften Rebenhänge der kleinen Weinbaugemeinden Hallgarten und Hattenheim, auf die angrenzenden Wälder des Taunus und den Lauf des Rheins genießen. Noch schöner ist die Aussicht im Sommer von der gänzlich neu gestalteten Terrasse. Die blumengeschmückten Teakholztische schaffen ein mediterranes Flair, das von der Küche des Seniorchefs Karl Bocks noch unterstrichen wird. Der jeweiligen Saison entsprechend kreiert er leckere Gerichte wie Lauchcremesüppchen, Schneckenpfännchen, Tafelspitz in Rotweinsoße mit Schmorgemüse oder ein Hirschrückensteak in Pfeffersoße mit flambierten Kirschen. Zum Dessert Grand-Marnier-Parfait. Zu alledem gibt es Rheingauer Weine vom Feinsten, serviert vom gastfreundlichen Juniorchef Christof Bocks persönlich.

HOTEL-RESTAURANT ZUM REBHANG
REBHANGSTRASSE 53
63575 OESTRICH-WINKEL/HALLGARTEN

TEL. 06723 2166
FAX 06723 1813

MO UND DI 11-15 UND AB 17 UHR
FR-SO 11-23 UHR
MI UND DO RUHETAGE
WWW.HOTEL-ZUM-REBHANG.DE

FREUNDLICHER SERVICE

Rebenhaus

RÜDESHEIM

ÜBER DEM RHEINGAU SCHWEBEN

GUT & BÜRGERLICH | KÜCHE | PREISNIVEAU | AMBIENTE

Einige Treppen muss man vom Rüdesheimer Niederwalddenkmal aus hinuntersteigen, bis man endlich zum versteckt gelegenen „Rebenhaus" mitten in den Weinbergen unterhalb des historisch reizvollen Anziehungspunktes für Touristen gelangt. Wer mit der Seilbahn von Rüdesheim über den Wingerten schwebend zum Niederwalddenkmal kommt, entdeckt das kleine Gasthaus allerdings schon früher. Das Treppensteigen lohnt sich auf jeden Fall, denn im „Rebenhaus" erwartet den Gast eine überdachte, mit Hauswein zugewachsene Terrasse, die für alle bisherigen Mühen mit einem himmlischen Ausblick über Rheingau und Rhein entschädigt. Man glaubt fast, über der Landschaft zu schweben. Reichen die Plätze auf der überdachten Terrasse nicht aus, kann man auch mitten in den Weinbergen sitzen. Familie König hat das einst so traditionsreiche und später verwaiste „Rebenhaus" vor Kurzem übernommen. Christina König sorgt sich offensichtlich um mehr als nur den Service und stellt „ganz nebenbei" eigene Kunstwerke aus. Ihrem Mann, einem ausgebildeten Sommelier, liegt die Weinkarte am Herzen und Bruder Konrad König kocht leckere Gerichte nach Jahreszeit. Und dies alles erhält man zu durchaus erschwinglichen Preisen.

REBENHAUS
AM NIEDERWALDDENKMAL 2
65385 RÜDESHEIM AM RHEIN

TEL. 06722 48358
FAX 06722 943736

GANZJÄHRIG GEÖFFNET
VON MÄRZ BIS OKTOBER

OHNE RUHETAG
TÄGLICH VON 10-22 UHR

GÜNSTIGE
SPITZENWEINE

Rüdesheimer Schloss

RÜDESHEIM

SCHLOSSGARTEN
IN DER DROSSELGASSE

GUT & BÜRGERLICH | KÜCHE | PREISNIVEAU | AMBIENTE

Jubel, Trubel, Heiterkeit, so stellt man sich die Rüdesheimer Drosselgasse vor und so ist sie ja eigentlich auch. Touristen aus aller Welt drängeln sich tagtäglich durch das steile, gepflasterte Sträßchen, in dem sich ein Weinlokal an das andere reiht. Doch etwa in der Mitte der Drosselgasse, quasi als Kontrast zum weinseligen Schunkeltreiben rundum, tut sich ein gemütlicher Garten mit schattiger Linde, einladenden blanken Holztischen, Kübelpflanzen und belaubtem Wintergarten auf. Der Hof des geschichtsträchtigen (1729 erbauten) Rüdesheimer Schlosses, in dem schon Johann Wolfgang von Goethe übernachtete, lädt mitten im Touristengetümmel zum beschaulichen Schöppchen und durchaus kulinarischen Genießen ein. Ausgeschenkt werden hier nur ausgesuchte Weine aus dem weit über den Rheingau hinaus bekannten Weingut der Inhaberfamilie Breuer. Susanne Breuer hat ein junges engagiertes Serviceteam zusammengestellt, das freundlich und zuvorkommend bedient. Auf der Karte stehen Rheingauer Klassiker und feine Köstlichkeiten, die von Monat zu Monat wechseln. „Hessische Tapas" sind hier genauso empfehlenswert wie „Breuers Lieblingssalat" oder die „Schloss-Ente". Wer also die Drosselgasse einmal anders erleben will, ist hier genau richtig.

RÜDESHEIMER SCHLOSS
DROSSELGASSE
65385 RÜDESHEIM AM RHEIN

TEL. 06722 90500
FAX 06722 905050

TÄGLICH GANZJÄHRIG GEÖFFNET

WWW.RUEDESHEIMER-SCHLOSS.COM

GEPFLEGTE GASTLICHKEIT
IN DER DROSSELGASSE

KAPITEL 8 Der Taunus

Golfhaus

BAD HOMBURG

GANZ OHNE GREENFEE

SZENE & TREND | KÜCHE | PREISNIVEAU | AMBIENTE

Mitten im Herzen Bad Homburgs und dennoch vollständig im Grünen? Man muss nicht einem Golfclub angehören oder gar Golf spielen können, um sich in diesem Ambiente verwöhnen zu lassen. Denn das „Golfhaus", eingebettet in den baumreichen Bad Homburger Kurpark, steht nicht nur Clubmitgliedern mit seiner anspruchsvollen Küche offen. Von seiner wunderschönen Terrasse blickt man auf den nachgewiesenermaßen ältesten Golfplatz Deutschlands und labt sich an den Köstlichkeiten einer südeuropäischen und provenzalischen Küche. Vor 20 Jahren kam Michel Offen aus Frankreich nach Deutschland und vervollständigte seine Kochkünste bei allerersten Adressen, wie zum Beispiel dem „Schlosshotel Kronberg". Ein überaus freundlicher Service und ein wirklich angenehmes Umfeld, im Innen- ebenso wie im Außenbereich zeichnen das „Golfhaus" aus. Entscheidend bei Köchen wie Golfern ist eine ausgeglichen gute Leistung über einen längeren Zeitraum hinweg. Und ebendiese Leistung erbringen Michel Offen und sein hoch ambitioniertes Team täglich zwölf Stunden lang – und dies zu erschwinglichen Preisen.

GOLFHAUS RESTAURANT
KAISER-FRIEDRICH-PROMENADE 84 A
61348 BAD HOMBURG V. D. HÖHE

TEL. 06172 182903
FAX 06172 182905

11.00-24.00 UHR
(KÜCHE BIS 22.00 UHR)
MO RUHETAG

WWW.GOLFHAUS-RESTAURANT.DE

Hirschgarten

BAD HOMBURG

GANZ WILD
GENIESSEN

KIND & KEGEL | KÜCHE | PREISNIVEAU | AMBIENTE

Selbst deftig dinieren und dabei den zahmen Hirschen beim Grasen zusehen? Wer das erleben möchte, ist im Bad Homburger Restaurant „Hirschgarten" genau richtig aufgehoben. Von einer großzügigen Terrasse aus, die – ein seltenes Vergnügen – über den ganzen Tag vom Sonnenschein verwöhnt wird, hat man einen freien Blick auf eine beeindruckend große Gruppe Sika- und Damwild. Schon im Jahr 1820 hatte der Landgraf Friedrich VI. das Freigehege in unmittelbarer Nähe zu dem Gasthaus anlegen lassen und damit den Grundstein für dieses beliebte Ausflugsziel in der Region gelegt. Es ist selbstverständlich, dass vor allem die Kinder einen Riesenspaß beim Streicheln und Beobachten der zahmen Hirsche haben. Wer die stattlichen Tiere nicht nur anschauen möchte, sondern sie auch als Gaumengenuss schätzt, ist im Restaurant „Hirschgarten" ebenfalls richtig: Das Delikatessenangebot aus den Wäldern des Taunus ist vielfältig und verlockend. Bratwurst vom Wildschwein, Hirschfilet oder Wildgulasch mit Pilzen haben schon oft für mehr als zufriedene Stammgäste gesorgt.
Im Anschluss an den kulinarischen Aufenthalt empfiehlt sich ein Spaziergang rund um das weite Gehege und in den nahe gelegenen Wald.

RESTAURANT HIRSCHGARTEN
ELISABETHENSCHNEISE 1
61350 BAD HOMBURG

TEL. 06172 997688
FAX 06172 997689

TÄGLICH AB 11 UHR
(MITTAGSTISCH AB 11 UHR)

WWW.HIRSCHGARTEN-BADHOMBURG.DE

Saalburg

BAD HOMBURG

AM RANDE
DES LIMES

KIND & KEGEL | KÜCHE | PREISNIVEAU | AMBIENTE

Wer den Landgasthof „Saalburg" betritt, befindet sich auf beeindruckendem historischem Grund: Kaiser Wilhelm I. ließ das Gebäude zur eigenen Erbauung und zusätzlich als Ausflugslokal errichten. Und auch Kaiser Wilhelm Nr. 2, der gleich nebenan das Römerkastell Saalburg wiederaufbauen ließ, war häufiger Gast im Taunus. Historisches erlebt der Gast am UNESCO–Weltkulturerbe Limes und dem einzigen wiederaufgebauten Römerkastell der Welt (!). Kulinarisch geht es im benachbarten Landgasthof zu. An sonnigen Wochenenden fallen die Nachfahren der alten Germanen zu Hunderten auf der Saalburg ein und erobern im Anschluss ihren Platz im schönen Biergarten unter alten Kastanien und Linden. Dieser Biergarten ist groß genug, um bis zu 500 Personen Entspannung zu bieten, und auch das Serviceteam ist auf den immer wiederkehrenden Ansturm gut vorbereitet. Serviert wird Hessisches, aber Gerichte wie Caesar-Salat, Centuriopfanne oder der Sesterzenteller für die Kinder lassen römisches Lebensgefühl an der Saalburg lebendig werden. Für diese Leistung wurde der Landgasthof „Saalburg" wiederholt mit dem Hessischen Gastronomiepreis ausgezeichnet.

LANDGASTHOF SAALBURG
AN DER JUPITERSÄULE 10
61350 BAD HOMBURG

TEL. 06175 79620
FAX 06175 796211

TÄGLICH 11.00-24.00 UHR
(DURCHGEHEND WARME KÜCHE
BIS 23.00 UHR)

WWW.LANDGASTHOF-SAALBURG.DE

Eberhards Scheuer

BAD SODEN

SAG' MIR
DEINEN NAMEN

KIND & KEGEL | KÜCHE | PREISNIVEAU | AMBIENTE

Nur zu Fuß oder auf den berühmten zwei Rädern erreicht man die idyllisch gelegene Fachwerkscheune im Taunus. Alles ist originell und dient der Gemütlichkeit: Innen geschmackvoll ausgebaut und im Außenbereich stehen die Tische und Stühle schlicht auf der Wiese – mitten in der Natur. „Eberhards Scheuer"ist das, was man eine echte Jausenstation nennt: Einfache, aber gute Gerichte, Flammkuchen oder aufwendig belegte Brote, Rumpsteak oder ein Salat, alles wird in großen Portionen frisch und köstlich zubereitet gereicht. Gereicht – im wahrsten Sinne des Wortes, denn hier wird man nicht am Tisch bedient, sondern gibt die Bestellung an der Küchentür unter Nennung seines (Vor-)Namens auf. Ist dann das Ganze zur Abholung bereit, ruft die (übrigens) hervorragende Köchin und gute Seele des Hauses, Conny Preis, den glücklichen Gast persönlich auf, und er kann die Teller zu einem der Tische vor oder in der „Scheuer" tragen. Diese persönliche und originäre Atmosphäre ist wahrscheinlich einer der Gründe, weshalb viele Gäste gerne wiederkommen, um hier mitten im Grünen zu entspannen und alle viere von sich zu strecken. Ach so: Hunde sind gerne gesehen und Kinder – die viel Platz zum Spielen haben – natürlich auch.

EBERHARDS SCHEUER
EBERHARD-PREIS-WEG
65812 BAD SODEN
TEL. 0172 9851544

DI-SA 14.30-22 UHR
(KÜCHE BIS 21 UHR)
SO 11-22UHR, MO RUHETAG
WWW.EBERHARDS-SCHEUER.DE
NUR ZU FUSS
ODER MIT DEM RAD ERREICHBAR

Rote Mühle

BAD SODEN

DES MÜLLERS LUST

REGIONAL & ORIGINAL | KÜCHE | PREISNIVEAU | AMBIENTE

Mühlenlokale gibt es im Taunus häufiger, Müller inzwischen allerdings weniger. Gäbe es heute noch mehr dieser wanderfreudigen Meister, würden sie als bevorzugtes Objekt der Lust sicherlich die „Rote Mühle" wählen. Romantisch und gut erreichbar gelegen – im Dreieck zwischen Bad Soden, Kelkheim und Königstein – ist das geschätzte Ausflugslokal nicht nur an den Wochenenden ein wahres Pilgerziel für Wanderer, Familien und Spaziergänger. Im großen Biergarten mit seinen schattenspendenden Ahorn- und Lindenbäumen schenken sich die Gäste gegenseitig einen Kurzurlaub vom Alltag, trinken den selbst gekelterten Äppler und stärken sich mit Wurstsalat, Matjesfilet oder Wildgulasch. Die Küche ist gutbürgerlich, das Ambiente regional geprägt, und die Preise sind durchaus günstig zu nennen. Zur Freude vieler Kinder liegt außerdem in direkter Nachbarschaft ein schöner Spielplatz zum Herumtoben und Klettern – vom Biergarten aus sehr gut einsehbar. Wer nicht gerne wie der Müller wandert, sondern mit dem Auto oder Zweirad unterwegs ist, freut sich wahrscheinlich, dass die „Rote Mühle" zwar mitten in der Natur liegt, trotzdem aber mit der B 8 durch einen unscheinbaren geteerten Weg verbunden ist.

ROTE MÜHLE
ROTE MÜHLE 1
65812 BAD SODEN-ALTENHAIN

TEL. 06174 3793
FAX 06174 931155

E-MAIL: INFO@
LANDGASTHOF-ROTEMUEHLE.DE

TÄGLICH 12-23.30 UHR

WEBSITE AB 2010

Höerhof

IDSTEIN

HÖHER
ALS HOCH GELEGEN

EDEL & FEIN | KÜCHE | PREISNIVEAU | AMBIENTE

Wer den steilen Weg durch die malerischen Altstadtgassen Idsteins hinter sich gebracht hat und zum „Höerhof" gelangt ist, könnte meinen, vor einer kleiner geratenen Kopie des Idsteiner Schlosses zu stehen. Als Heinrich Höer das hübsche Fachwerkanwesen vor 400 Jahren errichtete, kupferte er als Schlossbaumeister viele Details bei seinen Auftraggebern, den Grafen von Nassau-Idstein, ab. Heute ist in seinem ehemaligen Privatwohnhaus einer der ambitioniertesten Hotel- und Restaurantbetriebe der Region zu Hause. Beim Besuch des „Höerhofs" steht der Gast vor der Qual der Wahl: Lindenhof oder Biergarten? Beide Außenbereiche dieses liebevoll restaurierten Gebäudekomplexes haben im Sommer ihren ganz eigenen Charme. Im Innenhof – umgeben von malerischen Fachwerkfassaden und im Schatten der namengebenden alten Linde – kann man Pause vom Alltag machen und in dieser herrlichen Kulisse hervorragend zubereitete frische Speisen und ausgesuchte Weine genießen. Im Biergarten außerhalb der Mauern sitzt man mitten in der Landschaft und kann dem Koch beim Grillen über die Schulter schauen: Hier gibt es frische Steaks, leckere Spieße oder knackige Gartensalate. Der „Höerhof" ist mehrfach für seine gehobene Küche und für Hessens schönste Terrasse ausgezeichnet worden – unter anderem mit dem hessischen Gastronomiepreis.

HOTEL RESTAURANT HÖERHOF
OBERGASSE 26
65510 IDSTEIN IM TAUNUS

TEL. 06126 50026
FAX 06126 500226

DI-SA 12-14 UHR UND 17.30-22 UHR
SO 12-14 UHR
MO 17.30-22 UHR

WWW.HOERHOF.DE

Fuchstanz

KÖNIGSTEIN

HIER TANZT
DER FUCHS

KIND & KEGEL | KÜCHE | PREISNIVEAU | AMBIENTE

Mit seinen 662 Metern ist der Fuchstanz eine der höchsten Erhebungen im Taunus. Den Namen verdankt der Berg übrigens einer alten Sage, nach der hier oben am 1. Mai angeblich die Füchse ihren Liebesreigen tanzen. Um hier hoch zu gelangen bedarf es strammer Waden und guter Kondition. Aber ist man einmal am Ziel angekommen, kann man auf der sonnigen Gartenterrasse des Selbstbedienungslokals „Fuchstanz" mit einfachen und deftigen Gerichten neue Energie tanken. Auf der Speisekarte stehen Schnitzel-Klassiker ebenso wie deftige Erbsen- und Gulaschsuppe sowie Käsespätzle – und das alles zu moderaten Preisen. Sonntags wird für günstige 8 Euro ein Frühstücksbuffet mit großer Auswahl angeboten: Lachs und geräucherter Forelle, Schinken und diverse Wurstsorten, Marmelade und Konfitüre, Käse, Brot, Brötchen, Eier, Salate, Tomaten, Müsli und Cornflakes – als Draufgabe ein Getränk (Kaffee, Tee oder Kakao). Gerade im Sommer ist das beliebte Ausflugslokal Treffpunkt für Jogger, Radfahrer und Wanderer, aber auch für weniger sportliche Spaziergänger. Und für den wahrscheinlichen Fall, dass man auf der Gartenterrasse kein Plätzchen mehr findet, hat die Wirtsfamilie Brendel einen zweiten Anlaufpunkt, den Snackpoint, eingerichtet. Dort kann man sich mit Imbissen wie Suppen und Bockwürstchen auf die Hand versorgen und sich damit draußen in der Natur niederlassen.

WALDGASTSTÄTTE FUCHSTANZ
TILLMANNSWEG 20
61462 KÖNIGSTEIN

TEL. 06174 21281
FAX 06174 7469

SA-MI GANZTÄGIG, DO RUHETAG
(IM SOMMER AUCH FR RUHETAG
IM WINTER FR 10-18 UHR
DURCHGEHEND WARME KÜCHE)

WWW.FUCHSTANZ.DE

Kempinski Falkenstein

KÖNIGSTEIN

NICHT NUR
EIN GAUMENSCHMAUS

EDEL & FEIN | KÜCHE | PREISNIVEAU | AMBIENTE

Gesunde Taunusluft und eine spektakuläre Aussicht haben das Gelände des heutigen Kempinski-Hotels im Königsteiner Stadtteil Falkenstein schon immer zu einem Ort der Erholung und Entspannung gemacht. In früheren Zeiten, seit seiner Errichtung 1876 ist es Sanatorium, Lazarett und Klinik gewesen und erstrahlt nach dem Wiederaufbau 1999 im jetzigen Glanz. Das Luxushotel beherbergt das Restaurant „Siesmayer" mit seiner bezaubernden Terrasse, die den wohl spektakulärsten Panoramablick über die Parkanlagen bis zur Skyline Frankfurts bietet. Der Name des Restaurants ehrt den Gartenarchitekten Heinrich Siesmayer, der unter anderem den Frankfurter Palmengarten anlegte. Der Siesmayerpark in Falkenstein wurde unter strengen Auflagen des Denkmalschutzes saniert, und es lohnt sich, die grandiose Aussicht auch vom Terrassenrundweg aus zu bewundern. Für den Wohlfühlfaktor ist also seitens der Natur und der Außenanlagen bestens gesorgt, aber auch bei den Gaumenfreuden bleibt wohl kein Wunsch unerfüllt. Der Gast wählt nach Laune und Geldbeutel zwischen dem Restaurant „Siesmayer" und dem Bistro „Raffael" und genießt die aromareiche Küche in hervorragender Qualität. Besonders hervorzuheben sind die ausgezeichnete Weinkarte mit über 500 Weinen und die kompetente Beratung durch den jungen, freundlichen Service.

HOTEL KEMPINSKI FALKENSTEIN
DEBUSWEG 6-18, 61462 KÖNIGSTEIN
TEL. 06174 909800, FAX 909090

MO-SA 18-22 UHR
(SO UND FEIERTAGE 12-14 UHR)

RAFFAEL'S BISTRO:
TÄGLICH 11.30-2 UHR

RESTAURANT SIESMAYER:
SO UND FEIERTAGE 12-14 UHR

WWW.KEMPINSKI-FALKENSTEIN.COM

Lucullus

KÖNIGSTEIN/KRONBERG

WIE GOTT
IN ITALIEN

SZENE & TREND | KÜCHE | PREISNIVEAU | AMBIENTE

Lucius Licinius Lucullus war ein Feldherr, ein Politiker, und vor allem war er ein Feinschmecker. Seine üppigen Gastmahle sind sprichwörtlich geworden, und ihm verdankt nun auch das Königsteiner Restaurant seinen Namen. Die italienischen Betreiber des „Lucullus" haben sich sehr bewusst der Verbindung zu ihrem großen Landsmann bedient. Eingebettet in die romantische Kulisse des Kurparks, befindet sich das Lokal in der sehr schön restaurierten Remise und steht für kreative moderne Küche und italienische Lebensart. Auf der schönen Terrasse vor dem alten Kutschenhaus mit Blick auf den Kurpark können raffinierte Pasta-, Fisch- und Fleischgerichte probiert werden. Ganz besonders erwähnenswert ist die fulminante Weinkarte, für die das „Lucullus" immer wieder ausgezeichnet wurde. Auch zu anderen Tageszeiten herrscht kein Mangel an Angeboten: Kaffeespezialitäten, Kuchen und ein eigenes Frühstücksprogramm setzen dem Ganzen das Sahnehäubchen auf. Geschmacklich und atmosphärisch ist ein Besuch im „Lucullus" immer ein Vergnügen, das sich – neben einer Dependance in Kronberg seit Kurzem auch in den neu eröffneten Räumlichkeiten am Frankfurter Westhafen haben lässt.

LUCULLUS
RESTAURANT CAFÉ WEINBAR
HAUPTSTRASSE 21 B
61462 KÖNIGSTEIN IM TAUNUS

TEL. 06174 298640
FAX 06174 96881
MO-SA 9-24 UHR
SO 11-24 UHR

WWW.LUCULLUS-RESTAURANT.DE

Villa Rothschild

KÖNIGSTEIN

BANKETT
BEIM BANKIER

EDEL & FEIN | KÜCHE | PREISNIVEAU | AMBIENTE

Mit der Neueröffnung dieses wundervoll nostalgischen Bauwerks ist eine gastronomische Institution auf die kulinarische Karte der Region zurückgekehrt: die „Villa Rothschild". Nach umfangreichen und detailgenauen Umbau- und Renovierungsarbeiten erstrahlt nun der 1888 bis 1894 von der berühmten Bankiersfamilie Rothschild errichtete Prachtbau an der Falkensteiner Straße in runderneuertem Glanz. Unter demselben Dach geführt wie das „Kempinski Hotel Falkenstein", hat sich auch die "Villa Rothschild" wieder zu einer der ersten Adressen hochgeschwungen und bietet „First Class" auf allen Ebenen. Der großzügige Rothschild-Park – mit herrlich altem Baumbestand sehr harmonisch angelegt – umgibt mit der luxuriösen Größe von 10 Hektar das Hotel. Von der Restaurantterrasse, auf der schon Könige und Scheichs, Politiker wie Willy Brandt oder Schauspielikonen wie Sophia Loren und Heinz Rühmann dinierten, lassen sich diese prächtigen Außenanlagen hervorragend überblicken und genießen – ebenso wie die vorzüglichen Angebote der Speise- und Getränkekarte. Kurz und gut: mit 22 Zimmern, drei Veranstaltungsräumen, dem mit einem Michelin-Stern ausgezeichneten Gourmetrestaurant und „Tizian's Bar" ein mehr als faszinierender Ort.

VILLA ROTHSCHILD
IM ROTHSCHILDPARK 1
61462 KÖNIGSTEIN

TEL. 06174 2908850
FAX 06174 29088888

DI-SA 12-14 UHR
UND 18-21.30 UHR
SO UND MO RUHETAGE

WWW.VILLA-ROTHSCHILD.COM

Zum grünen Wald

KRONBERG

MITTEN
IM ORT

EDEL & FEIN | KÜCHE | PREISNIVEAU | AMBIENTE

Die Schirn in Kronberg hat nichts gemein mit der Schirn-Kunsthalle in Frankfurt – wie mancher vermuten mag. Vielmehr ist die Kronberger Schirn die Mitte des Ortes, deren Name sich herleitet von der ursprünglichen Bedeutung, nämlich „Verkaufsstand" oder in übertragenem Sinne: der Marktplatz. An diesem geschäftigen Mittelpunkt des Ortes Kronberg ist ein echter Küchenmeister am Werk: Stefan Allgaier. Er ist der Chef des Restaurants „Zum Grünen Wald" und erfreut mit seiner Kunst in erster Linie den Gaumen. International konzipierte und komponierte Gerichte, französische Inspirationen und außerdem eine regional gefärbte Traditionsküche gehen unter seiner Ägide eine glückliche Verbindung ein. Die sehr umfangreiche Weinkarte ist besonders erwähnenswert und bietet auch viele ausgesucht gute offene Weine, über die die freundlichen und flotten Kellner gerne Auskunft geben. Und das kommt an. An schönen Tagen ist es ein Vergnügen, sich vor dem hübschen Haus auf der kopfsteingepflasterten Schirn-Terrasse verwöhnen zu lassen. Sollte einmal kein freies Plätzchen zu ergattern sein, kann man sein Glück in Stefan Allgaiers zweiter Kronberger Dependance, der „Grünen Gans" in der Pferdstraße versuchen. Nur wenige Schritte von der Schirn entfernt, lockt auch dort ein attraktiver Außenbereich.

ZUM GRÜNEN WALD
FRIEDRICH-EBERT-STRASSE 19
61476 KRONBERG
TEL. 06173 2011
FAX 06173 2012

TÄGLICH 12-15 UND 18-23 UHR
(WARME KÜCHE 12-14.30
UND 18-22.30 UHR)

WWW.ZUM-GRUENEN-WALD.COM

Zum Adler

NEU-ANSPACH/HESSENPARK

FRISCHLUFT
AM FREILICHTMUSEUM

REGIONAL & ORIGINAL	KÜCHE	PREISNIVEAU	AMBIENTE

„Es emohl was onesch" („Ist mal was anderes") – diesem Anspruch wird das Wirtshaus am Marktplatz durchaus gerecht – mit Gerichten aus der überlieferten Landküche. Und die findet auch bei genussfreudigen Gästen im 21. Jahrhundert großen Anklang, was die Besucher zeigen, die an Sommertagen Terrasse und Biergarten bevölkern. Umgeben von der Fachwerkkulisse lassen sie sich das deftige „Woihinkelche" (gebackene Brust und Keule vom Landgeflügel mit Wurzelheu in Apfelwein) oder Brutzelbraten mit „Wetzsteinen" (Kartoffelklöße) schmecken. Für Vegetarier gibt es die traditionelle Frankfurter Grie Soß' oder „Rupseln" (frisch geriebene Kartoffelpuffer) mit Ragout von Steinchampignons. Das alles zu vernünftigen Preisen um 10 Euro. Das „Zum Adler" liegt außerhalb des Museumsdorfs und ist weder an dessen Öffnungszeiten noch an Eintrittsgelder gebunden. Die kulinarische Zeitreise können Gäste täglich von 10 bis 22 Uhr antreten. Fremdsprachen – in diesem Fall Hessischkenntnisse – sind nicht zwingend erforderlich. Der freundliche Service hilft gern beim Übersetzen der Speisekarte, wenn man bei „Dulkes" oder „Flammblooz" erst mal ratlos ist.

WIRTSHAUS ZUM ADLER
IM HESSENPARK
61267 NEU-ANSPACH

TEL. 06081 5515
FAX 06081 5594

TÄGLICH 10-22 UHR

WWW.WIRTSHAUS-ZUM-ADLER.DE

HESSISCH-DOLMETSCHER INKLUSIVE

Alt-Oberurseler Brauhaus

OBERURSEL

HIER BRAUT SICH GUTES ZUSAMMEN

GUT & BÜRGERLICH

KÜCHE

PREISNIVEAU

AMBIENTE

Im bekannten „Alt-Oberurseler Brauhaus" werden Gemütlichkeit und Gastlichkeit klassisch großgeschrieben. Der 1726 erbaute „Pfeiffsche Herrensitz" wurde über eine lange Bauphase detailgetreu restauriert und zu einem Gasthaus mit sicht- und spürbarer Historie umgestaltet. Im Inneren der gemütlichen Gaststuben: der urige Braukeller, die Brennbar und der sehenswerte barocke Hochzeitssaal. Und außen: natürlich der große Biergarten im Innenhof mit schönem Baumbestand, der ausreichend Platz und Gelegenheit bietet, zahlreiche Sorten des hauseigenen Bieres und die herzhafte Küche kennenzulernen. Die Speise- und Getränkekarte passt sich den Jahreszeiten an und bietet zu jeder Saison eine umfangreiche Auswahl an frisch Zubereitetem. So steht denn im Sommer eine eher leichte Küche mit einer hellen Biersorte im Vordergrund. Und trotzdem sollte man nicht davor zurückschrecken, eine knusprige Haxe, einen deftigen Schweinebraten in Dunkelbiersoße, eine Bierkutscherpfanne oder das Starkbier zu probieren. Denn damit wirbt man an der „Orschel": Wir brauen das stärkste Bier der Welt! Ein original hessisches Brauhaus, das der Biergartentradition der blau-weißen Nachbarn in nichts nachsteht.

ALT-OBERURSELER BRAUHAUS
ACKERGASSE 13
61440 OBERURSEL

TEL. 06171 54370
FAX 06171 56900

TÄGLICH AB 11 UHR
(DURCHGEHEND WARME KÜCHE)

WWW.MEINBIER.DE

SCHMACKHAFT
HELL UND DUNKEL

Die Linse

OBERURSEL

KUNST UND GENUSS

SZENE & TREND | KÜCHE | PREISNIVEAU | AMBIENTE

Wenn im heißen gleißenden Sommer der verdiente Feierabend naht, wird der fleißige Frankfurter Büromensch nur von einem einzigen Gedanken getrieben: Hinaus ins Grüne! Hinaus in die Natur! Jederzeit schnell zu erreichen, kurz hinter der Stadtgrenze und doch schon weit genug weg, um sich der Natur verbunden zu fühlen, liegt eine Oase: „Die Linse". In der alten Oberurseler Krebsmühle angesiedelt, ist „Die Linse" als Teil eines Gesamtkunstwerks zu betrachten. Auf dem Gelände der früheren Getreidemühle werden nicht nur hervorragende Speisen kreiert, sondern auch Arbeiten von Künstlern präsentiert. Die Verbindung von Essen und Kultur kann hier direkt am Tisch erfolgen: Die Wände des Restaurants dienen als viel genutzte Ausstellungsfläche. Die wunderschöne große Sonnenterrasse des Restaurants direkt am Urselbach ist ein gerne gewählter Treffpunkt für alle, die den Tag bei anspruchsvoller, internationaler Küche und einem Glas Wein ausklingen lassen wollen. Besonderen Wert legt das Haus zudem auf die Herkunft der verwendeten Produkte, denn „Die Linse" kocht nicht nur immer frisch, sondern ausschließlich mit Zutaten aus biologischem Anbau. Das hat seinen Preis, aber das nimmt man bei der hervorragenden Qualität und der schönen Atmosphäre gerne in Kauf.

DIE LINSE IN DER KREBSMÜHLE
KREBSMÜHLE 1
61440 OBERURSEL

TEL. 06171 73018
FAX 06171 978822

APR.-SEPT. MO-FR 16-24 UHR
SA 12-24 UHR, SO 12-23 UHR

OKT.-MÄRZ: MO-FR 18-24 UHR
SA 12-24 UHR, SO 12-23 UHR

WWW.RESTAURANT-DIE-LINSE.DE

Zum Rühl

OBERURSEL-WEISSKIRCHEN

GRIE SOSS'
UND EBBELWOI

REGIONAL & ORIGINAL | KÜCHE | PREISNIVEAU | AMBIENTE

Ein uriges Gasthaus, mit dörflichem Charme, eine ausgezeichnete Apfelweinwirtschaft mit einer eigenen Kelterei und einem großen Sommergarten. Das ist der „Rühl" im Oberurseler Ortsteil Weißkirchen. Über 60 einzelne Offerten auf der Karte – darunter die nicht ganz alltägliche Möglichkeit, sich die Schnitzelgröße je nach Hunger und Größe des Geldbeutels selbst zu wählen – auch das ist der Rühl. Die Grüne Soße ist hausgemacht, wie der Apfelwein. Die Preise sind wohltuend normal und das alles schätzen die Gäste in diesem angestammt bürgerlichen Wirtshaus. Das Publikum ist bunt gemischt: Radler, Paare jeden Alters, Kinder, Feierabend-Genusssüchtige, Städter und Nachbarn treffen sich hier. Den schönen Sommerabend kann man im praktischerweise halb überdachten Garten zubringen und die kommunikative, unkomplizierte Atmosphäre genießen. Die Wirtschaft hat ein Motto: „Wo Freunde sich treffen oder es werden"– und dafür sind in diesem natürlichen und herzlichen Ambiente alle Voraussetzungen geschaffen. Es ist nicht unwahrscheinlich, dass an einem gemütlichen Sommerabend der Freundeskreis um einige Personen erweitert werden kann.

ZUM RÜHL
KURMAINZER STRASSE 50
61440 OBERURSEL-WEISSKIRCHEN

TEL. 06171 73477 ODER 982593,
FAX 06171 982594

MO-SA 11.30-24 UHR
SO AB 11.30 UHR

(MITTAGSTISCH
TÄGLICH WECHSELND)

WWW.ZUM-RUEHL.DE

Weilquelle

SCHMITTEN-OBERREIFENBERG

GRÜNES
IM GRÜNEN

GUT & BÜRGERLICH | KÜCHE | PREISNIVEAU | AMBIENTE

Das „Naturpark Hotel Weilquelle" gehört zum Luftkurort Schmitten und liegt mitten im Natur- und Heilklimapark des Hochtaunuskreises, unterhalb des Feldberges, etwa 700 m über dem Meeresspiegel. Man nähert sich dem Hotel und Lokal auf einem schmalen Weg, beidseitig von hohen Bäumen gesäumt. Kommt man hier wirklich zum Ziel – oder führt der Weg nur in den tiefen Wald? Nach einer Biegung öffnet sich ein Blick auf die nahe gelegenen Häuser der Gemeinde Schmitten und auf das Naturpark-Hotel. Seine idyllische Lage macht es bereits zu einem lohnenden Ausflugsziel, das traumhafte Ambiente auf der sonnigen Terrasse hat den berühmten Erholungsfaktor. Die Parkanlage des Hotels verbindet sich fließend mit der umgebenden Natur – näher kann ein gastronomischer Betrieb derselben nicht sein! Erfreulich: Auch die Karte und das Speisenangebot sind mit einem Wellnessfaktor ausgestattet. Man legt hier eindeutig Wert auf biologisch angebaute Zutaten und bietet nicht nur unterschiedlichste vegetarische Gerichte, sondern hält auch ayurvedische Angebote vor. Darüber hinaus kann aber selbstverständlich auch Gutbürgerliches in sehr guter Qualität gewählt werden. Nach solch gesunder Stärkung lässt es sich unbeirrt weiterwandern und vielleicht noch einige Schritte bis zur namengebenden Quelle des Flüsschens Weil spazieren.

NATURPARK HOTEL WEILQUELLE
LIMESSTRASSE 16
61389 SCHMITTEN-OBERREIFENBERG

TEL. 06082 9700
FAX 06082 970113

TÄGLICH 12-22 UHR, WARME KÜCHE 12-14 UHR UND 18-21 UHR

WWW.NATURPARKHOTEL.DE

AN DER QUELLE DES GUTEN GESCHMACKS

Eichelbacher Hof

WEILROD OT ROD AN DER WEIL

WO DIE RINDER GRASEN

GUT & BÜRGERLICH | KÜCHE | PREISNIVEAU | AMBIENTE

Der „Eichelbacher Hof", einst Domizil der Herren von Rheinberg, liegt einsam inmitten der satten Wiesen des romantischen Weiltals. Erhalten ist das Herrenhaus von 1568, das einst der Ostflügel eines malerischen, viertürmigen Renaissance-Schlosses war. Der idyllische Gasthof ist leider nur mittwochs, samstags, sonntags und an Feiertagen geöffnet, denn die Inhaber sind nicht nur Wirte, sondern in erster Linie Landwirte. Sie sorgen dafür, dass man weiß, woher das Essen kommt, das auf dem Teller liegt. Auf den Weiden ringsum stehen die Rindviecher und Schafe des Hofs und auch glückliche Hühner sind zu bewundern. Kinder freuen sich über Einblicke in die von den Wirtsleuten begleiteten Stallbesuche. Gespeist wird im Gutshaus und sommers im lauschigen und hübschen Innenhof. Die Karte ist deftig und vermittelt ein wenig Ortsgeschichte. Der „Hirtenschmaus" (Lammbraten aus der Keule mit hausgemachten Kartoffelklößen) mundete schon Fürst Wilhelm Heinrich von Nassau-Usingen, ist zu erfahren. Und für die „Hungersnot" (zwei heiße geräucherte Bauernmettwürste mit knusprigen Bratkartoffeln aus der Pfanne) wurde schon anno Tobak die Räucherkammer bei Belagerungen geplündert. Labsal für Pilger, Gesinde und Kutscher, die schon im Mittelalter Rast auf dem Eichelbacher Hof machten: der „Gesindeteller". Dazu passt der Apfelwein aus hofeigener Kelterei. Der „Eichelbacher Hof" ist ein wunderbares Ausflugsziel nach einem schönen Spaziergang im schönen Weiltal.

EICHELBACHER HOF
FELDWEG
61276 WEILROD
TEL. 06083 2467

MI, SA, SO UND FEIERTAGE
12-17 UHR
(MITTAGSTISCH 12-14.30 UHR)

EINE EINHEIT VON
GAST- UND LANDWIRT

Landsteiner Mühle

WEILROD-ALTWEILNAU

DAS STÖFFCHE-
PARADIES

REGIONAL & ORIGINAL	KÜCHE	PREISNIVEAU	AMBIENTE

Das schmucke Gasthaus „Landsteiner Mühle" am Eingang zum Weiltal zählt zu den schönsten Ausflugslokalen des Taunus. Das historische Gebäude blickt auf eine 500 Jahre alte, wechselhafte Geschichte zurück. Bereits seit 1957 wird die Mühle als Gaststätte betrieben und seit 2002 von Michael Stöckl, dem ersten Apfelwein-Sommelier Deutschlands, zur jetzigen Blüte geführt. Heute erleben Sie in seinem „Apfelwein-Bistrorant" eine freche Mischung aus Apfelwein-Lokal, Bistro und Restaurant. Die Küche kombiniert Hessisches und Österreichisches mit Globalem und zurück. Dabei entstehen Gerichte, die ein Apfelweinlokal noch nie vorher gesehen hat und die Sie unbedingt versuchen sollten. Dazu gesellen sich nicht nur Stöckls selbst gekelterte Stöffche, sondern auch Apfelweine aus anderen europäischen Regionen und selbstverständlich die Weine aus der österreichischen und Tiroler Heimat der Familie Stöckl. Den echten Äppler-Liebhabern schmecken die leckeren Stöffchen auf der leuchtend grünen Wiese gleich nebenan besonders gut. Während in der Nähe das romantische Geplätscher der Weil zu hören ist, lässt man sich hier Speyerling und das „Stöffche der Roten Mönche" genüsslich munden. Das umfang- und abwechslungsreiche Veranstaltungsprogramm der „Landsteiner Mühle" sorgt für die angemessen originelle Unterhaltung und bietet immer wieder mal einen Anlass, Gast in dieser schönen und einladenden Mühle mit ihrer vorzüglichen und offensichtlich gehobenen Küche zu sein.

LANDSTEINER MÜHLE
AN DER KIRCHENRUINE LANDSTEIN
61276 WEILROD-ALTWEILNAU
TEL. 06083 346
FAX 06083 28415
DI-SA 11.30-23 UHR
(KÜCHE 12-21 UHR
KAFFEE UND KUCHEN 14.30-18 UHR)
MO RUHETAG

WWW.LANDSTEIN.DE

Ziegelhütte

WEILROD

EINE ART PARADIESGARTEN

KIND & KEGEL | KÜCHE | PREISNIVEAU | AMBIENTE

Nicht nur für verliebte Paare ist die Weilroder „Ziegelhütte" mit dem idyllischen Garten ein wunderbares Ausflugsziel. Auch Familien fühlen sich hier pudelwohl. Die Gäste finden ein so üppiges Grün auf der Terrasse des Landgasthofs vor, dass dieses doch eine besondere Erwähnung verdient. Ganz offensichtlich hat Familie Kleinschmidt zwei große grüne Daumen. Zudem verfügt sie über ein gutes Händchen für die Küche, was die Karte und die Auszeichnung von „Hessen à la carte" bestätigen. Traditionelle Köstlichkeiten der guten deutschen Küche wie Jägerschnitzel, Grillteller oder Schweinelendchen werden hier ebenso serviert wie Regenbogenforellen aus dem hauseigenen Teich (der übrigens auch an jedem ersten Sonntag im Monat Anglern zur Verfügung steht). Auch Kinder sind gerne gesehen: So gibt es eine eigene bunte Karte für den Nachwuchs, auf der sich „Herr Fritz", „Hans Wurst" und „Benjamin Blümchen" ein Stelldichein geben – natürlich mit Pommes und Salat. Und während der Nachwuchs sich nach dem Essen auf dem nahen Spielplatz austobt, finden Mutter und Vater im Weilroder Paradiesgarten noch ein wenig Zeit für Romantik. Ein Glas vollmundigen Weins in der Hand, den Menschen, den man mag, ganz nah und dann noch den Sonnenuntergang vor Augen – was könnt' es Schön'res geben.

LANDGASTHOF ZIEGELHÜTTE
ZIEGELHÜTTE 2
61276 WEILROD AN DER WEIL

TEL. 06083 95800
FAX 06083 95801118

MI-MO 9-24 UHR
(WARME KÜCHE
12-14 UND 18-22 UHR)
DI RUHETAG

WWW.ZIEGELHUETTE.DE

KAPITEL 9

Wetterau & Vogelsberg

Bella Vista

ALTENSTADT

SCHÖNE AUSSICHT MIT CARPACCIO

SZENE & TREND | KÜCHE | PREISNIVEAU | AMBIENTE

Bruschetta, Carpaccio di Carne, Frutti di Mare oder doch lieber Spaghetti? Vielleicht auch nur eine Pizza? Seit dem 16. Februar 2007 bietet das Ristorante „Bella Vista" im neuen Klubhaus des Golfplatzes Altenstadt italienische Gaumenfreuden. Eine schöne Aussicht auf den Platz können auch Nichtgolfer genießen. Das Klubhaus fällt besonders durch seine architektonische Chaletcharakteristik auf. Ein Steg führt über Wasser zum Glasgang, der Restaurant und Pro-Shop miteinander verbindet. Das Klubhaus besteht aus einem leicht wirkenden Walmdach aus Zedernholzschindeln, einer gläsernen Firstkuppel sowie Holz-und Glaswänden mit Unterbrechungen aus Basaltsteinmauerwerk und Betonsäulen. Der große Raum (Mittelhöhe fünf Meter) ist in mehrere Bereiche gegliedert. Auf dem Podestbereich erstreckt sich der Tresen mit der dahinterliegenden Küche und daneben, erhöht, ein Kolleg mit 25 Sitzplätzen. Im Hauptteil des Restaurants mit 45 Plätzen hat man Zugang zur Terrasse, die 70 Plätze bereithält. Alle Gerichte gibt es auch zum Mitnehmen. Eine Tischreservierung wird empfohlen.

RISTORANTE BELLA VISTA
OPPELSHÄUSER WEG 5
63674 ALTENSTADT

TEL. 06047 986838

DI-SA 11-15 UND 17-23 UHR
SO 11-23 UHR
MO RUHETAG

WWW.GOLFPLATZ-ALTENSTADT.DE

Tipp: Wilhelm Blatz, Geschäftsführer der Firma Ille

Hotel Johannisberg

BAD NAUHEIM

WO SISSI
MITTAGS SPEIST

EDEL & FEIN | KÜCHE | PREISNIVEAU | AMBIENTE

Ob man den Weg begeht oder befährt, die Wirkung ist stets dieselbe: Schon nach wenigen Minuten ändert sich die Stimmung, man befindet sich über der Stadt, in einem dicht begrünten Wald im Sommer. Auf dem 268 Meter hohen Johannisberg angekommen, nähert man sich dem gleichnamigen Restaurant, das sich dominant und dennoch zurückhaltend der Stadt Bad Nauheim zuwendet. Den Kelten galt der Berg als heilig. Die Römer errichteten einen Wachturm, und die Christen gründeten auf ihm eine Missionskirche. Johannes dem Täufer gewidmet, gab sie dem Berg seinen Namen. Mitte des 19. Jahrhunderts machte sich Bad Nauheim einen Namen als Heilbad. 1856 wurde das erste Restaurationsgebäude auf dem Johannisberg eröffnet. Zu den berühmten Gästen gehörten die österreichische Kaiserin Elisabeth, die dort 1898 zwei Wochen lang ihr Mittagsmahl einnahm, die letzte russische Kaiserin Alexandra, die deutsche Kaiserin Auguste Viktoria, Bismarck, Elvis Presley oder der saudische König Ibn Abd Al Asis Saud. 1933 wurde das Holzgebäude durch einen modernen Steinbau ersetzt. Der denkmalgeschützte Bau erstrahlt seit 1998 als „Café Restaurant Hotel Johannisberg".

Im Sommer lädt die Terrasse vor dem Haus dazu ein, den Abend mit musikalischer Untermalung eines Pianisten ausklingen zu lassen. Auf der wohldurchdachten Speisekarte spiegelt sich das Motto der Küche wider: Ehrlichkeit, Frische und Regionalität. Das „Café Restaurant Hotel Johannisberg" gilt als Expertentipp unter Gourmets und Kurzurlaubern.

CAFÉ RESTAURANT
HOTEL JOHANNISBERG
JOHANNISBERG 14
61231 BAD NAUHEIM

TEL. 06032 1442
FAX 06032 1418
TÄGLICH 9-23 UHR

WWW.
JOHANNISBERG-BADNAUHEIM.DE

Teichhaus

BAD NAUHEIM

HAUS EINER HERZENSKÖNIGIN

KIND & KEGEL | KÜCHE | PREISNIVEAU | AMBIENTE

1780 hat Landgraf Wilhelm IX. das „Teichhaus" am 500 Meter langen Kurteich für eine seiner Herzensköniginnen erbaut. Die Geliebte verschwand indes vor der Fertigstellung. Das Anwesen wurde Wohnung des Grabenmeisters. Er galt als wichtig, betreute die Solgräben und die Wasserwirtschaft. Während jener Zeit wurden die ersten Spaziergänger verköstigt. Die Terrasse der „Teichhaus-Restauration" war ein viel besuchter Anziehungspunkt. Ende der 1960er Jahre wurde der hölzerne Restaurantteil abgerissen. 1994/95 entwickelte die neu gegründete Teichhaus GmbH gemeinsam mit dem hessischen Staatsbad ein Konzept, um das abbruchreife „Teichhaus" zu sanieren und wieder in Betrieb zu nehmen. Seit August 1995 ist das „Teichhaus" umgebaut. Heute wird es wieder als Café, Biergarten und ganzjährig als Lokal betrieben. Im Sommer finden zahlreiche Open-Air-Veranstaltungen statt. Da gibt es Fino-Musik zum Zurücklehnen, Latin-Jazz-Balladen mit mediterranem Touch oder romantische Elvis-Songs. Zu den kulinarischen Angeboten zählt ein Morgenmahl, zwischen Frühstück und Brunch, auf der Terrasse oder in der neuen Galerie. Originell ist der Online-Espresso. Wer keine Zeit hat, seinen Espresso im „Teichhaus" zu trinken, kann dies online tun. Mit der Maus ist es möglich, verschiedene Utensilien zu bewegen und sich Kaffee zuzubereiten. 2001 hat das „Teichhaus" den Bootsverleih übernommen (Tel. 06032 935720).

TEICHHAUS
NÖRDLICHER PARK 17
61231 BAD NAUHEIM
TEL. 06032 72992

INFO@TEICHHAUS.DE
WWW.TEICHHAUS.DE

TÄGLICH 11-24 UHR

FRÜHSTÜCK IM PARK

Das Waldhaus

BAD NAUHEIM

CUCINA MUSICALE

SZENE & TREND | KÜCHE | PREISNIVEAU | AMBIENTE

Inmitten des Bad Nauheimer Hochwaldes, 20 Gehminuten vom Ortskern der Kurstadt entfernt, liegt idyllisch das „Waldhaus". Kaiserin Elisabeth von Österreich (Sissi) war während ihres Kuraufenthaltes in Bad Nauheim ständiger Gast im Waldhaus. Auch heute kann man sich dort wohlfühlen, wo einst die Kaiserin dem Vogelgesang lauschte, aber mit dem Unterschied eines modern geführten Gastronomiebetriebes. Das reichhaltige, ausschließlich frisch zubereitete Speisenangebot ist in erster Linie neapolitanisch-italienischen Ursprungs. Die Küche ist vom Restaurant aus einsehbar. Dass hohe Kochkunst und Musik Gemeinsamkeiten haben, wird im „Waldhaus" nicht nur durch das Pfeifen des Kochs am Herd deutlich: Balladen beim Service, das Klavierspiel des Chefkochs beim Präsentieren einer Kreation der Küche oder das Saxofonspiel des Kochs. Der singende Servicechef mit seiner bekannten, sympathischen Stimme macht den Service zu einem einzigartigen Erlebnis. Im Restaurant finden 45 Gäste, in den beiden sonnendurchfluteten Wintergärten weitere 42 Personen Platz. Die „Waldhaus"-Terrasse lädt mehr als 100 Personen ein. Im überdachten Hof gibt es diverse Grillstationen. Unterhalb der Terrasse bildet der Biergarten einen sanften Übergang zum Wald. Unter alten Bäumen ist alpenländische Gemütlichkeit mit Außenbewirtung und Selbstbedienung garantiert. Der Kinderspielplatz lädt die Kleinen ein, sich fantasievoll zu beschäftigen. Im Sommer finden Livekonzerte im überdachten Innenhof des „Waldhauses" statt.

DAS WALDHAUS
ROSBACHER STRASSE 20
61231 BAD NAUHEIM

TEL. 06032 4422

TÄGLICH 11-23 UHR
WWW.WALDHAUS-BN.DE

WO EINST SISSI DEM VOGELGESANG LAUSCHTE

Wild-Stubb

BÜDINGEN-AULENDIEBACH

IMMER
SAUGUT!

REGIONAL & ORIGINAL | KÜCHE | PREISNIVEAU | AMBIENTE

Die Jagd gibt's seit über 60.000 Jahren, Büdingens Stadtteil Aulendiebach seit mehr als 1.200 Jahren und die „Wild-Stubb" seit dem 5. März 2006. Inhaberin Samantha Walter und ihr Ehemann Guido möchten ihren Gästen die Jagd näherbringen. Das Wild wird in den umliegenden Jagdrevieren erlegt und findet nach den strengen Regeln der Wildbretverarbeitung den Weg auf den Teller. Im Angebot: Heimisches wie Wildsau, Reh, Rot- und Damwild sowie Ente, Gänse und Tauben. Der Tisch wird je nach Jagdzeiten und Hegeverantwortung gedeckt. Das Wildfleisch ist fettarm und eiweißreich. Zu den Spezialitäten gehört die Wildsau am Spieß, zu den Sommer-Highlights ein zünftiges Bier im kalten Steinkrug im sonnigen, ruhigen Biergarten. Die „Wild-Stubb" ist ein Geheimtipp unter Jägern und Wanderern. Handverlesene Randfichten, die Decken und Wände schmücken, entstammen dem Heimischen, ebenso wie die handgefertigten Tische und Bänke. Die Schankanlage im rustikalen Stamm lässt erlesene Biere aus dem Baum fließen. Beliebt ist die „Wild-Stubb" auch wegen ihrer Edelbrände aus der Wetterau. Gerne bestellte Gerichte sind der „Blattschuss-Hochgenuss", ein Wildrückensteak vom Grill mit Pilzcognacrahm und Rösti, oder der „Wildunfall", ein Wildhackbraten mit Zwiebelsoße. Für die kleinen Jäger gibt es Wolperdinger, worunter Wildfrikadellchen mit Kartoffelecken zu verstehen sind. Gerichte frisch aus dem Backofen stehen ebenfalls auf der gut zusammengestellten Speisekarte.

WILD-STUBB
GLOCKENSTRASSE 14
63654 BÜDINGEN-AULENDIEBACH

TEL. 06042 975637
MOBIL 0160 99174061

MO-DO AB 17 UHR
FR AB 16 UHR
SA AB 11 UHR
SO AB 10 UHR

WWW.WILDSTUBB.DE

Zum Stern

BUTZBACH

ERSTE ADRESSE
FÜR REISENDE

GUT & BÜRGERLICH | KÜCHE | PREISNIVEAU | AMBIENTE

In kulinarischer Hinsicht haben Hessen und Bayern Berührungspunkte, zumindest in der Weiseler Straße in Butzbach. Dort ergänzt sich die hessische Bandnudel „Schöne Wetterau" perfekt mit dem Schweinebraten mit Bayrisch Kraut und Knödel. Wahlweise gibt es auch Schwäbisches und Norddeutsches. Da die Gerichte frisch zubereitet werden, braucht man manchmal etwas Geduld. Der Bistrobereich bietet eine interessante Auswahl an Cocktails, Longdrinks und internationalen Kaffeespezialitäten. An den Wochenenden gibt es ausgewählte Kuchenkreationen. Im Biergarten kann man die Seele baumeln lassen oder ereignisreiche Tage bei einem gemütlichen Glas ausklingen lassen. Beim Gastronomiepreis Hessen 2007 erreichte das Restaurant in der Kategorie „Biergarten" den dritten Platz. Direkt am Weiseler Tor gelegen, ist es seit Generationen die erste Adresse für Reisende. Heute zählt es zu den bedeutendsten Butzbacher Kulturdenkmälern. Die Geschichte lässt sich anhand von Fachwerkbalken bis in das Jahr 1368 zurückverfolgen. Urkundlich erwähnt wurde das Haus erstmals 1414. Das Gasthaus ist eng verbunden mit der Geschichte der Familie Melchior, einer der Gründerfamilien der Licher-Brauerei. Im 17. Jahrhundert wohnte die Familie Heinzberger im Haus, die Wert auf einen Tanzsaal legte, der sich um 1570 im Obergeschoss befand. 1729 war der „Stern" vermutlich eine Garküche, die am Marktplatz Speisen feilbot. 1786 war der Ruf des Hauses so hervorragend, dass dort Delegierte des Butzbacher Landtages logierten.

RESTAURANT ZUM STERN
WEISELER STRASSE 36
35510 BUTZBACH

TEL. 06033 60330
FAX 06033 973786

DI-SO 11.30-15 UHR
UND AB 17.30 UHR
MO RUHETAG

WWW.ZUM-STERN-ONLINE.DE

Schloss Ysenburg

FLORSTADT-STADEN

DAS KLEIN-VENEDIG
DER WETTERAU

EDEL & FEIN | KÜCHE | PREISNIVEAU | AMBIENTE

Staden, das wegen seiner vielen Brücken im Volksmund das „Klein-Venedig der Wetterau" genannt wird, besitzt seine Stadtrechte seit dem Jahr 1304. Es hat zwei Schlösser, eine dazugehörige Parkanlage, eine Mineralquelle, viele reizvolle Winkel mit alten Fachwerkhäusern und die im Jahr 1522 auf Holzpfählen gebaute, überdachte „Seufzerbrücke". Das unter Denkmalschutz stehende „Schloss Ysenburg" wurde im Jahr 1574 auf den Resten einer ehemaligen Wasserburg von den Herren von Carben im Renaissancestil errichtet. Der Name Ysenburg führt in die Zeit von 1788 zurück, in der das Schloss im Besitz der Grafen von Ysenburg-Büdingen war. 1852 wurde das Haus von Johannes May II. gekauft und in Einheit mit den angrenzenden Gebäuden als landwirtschaftliches Gut betrieben. Die Zeichen der Zeit sind an dem Schloss nicht spurlos vorbeigegangen. So weist der vordere Eingang einen gotischen Spitzbogen auf. Einmalig für die Region sind die 1902 eingebauten Stuckdecken im Jugendstil. Das Haus ist seit vier Generationen in Familienbesitz und wird seit 1949 als Hotel-Restaurant betrieben. Das Hotel verfügt über 20 Betten, Veranstaltungsräume für 20 bis 50 Personen, eine Caféstube und eine romantische Terrasse, auf der im Sommer Kaffee und selbst gebackener Kuchen serviert werden. Von dort kann man den Schwänen und Enten beim Baden zusehen. Geboten wird deutsche Küche, selbstverständlich auch vegetarisch. Ein eigener Parkplatz ist vorhanden. Staden liegt nur 35 Kilometer nördlich von Frankfurt.

SCHLOSS YSENBURG
PARKSTRASSE 20
61197 FLORSTADT-STADEN

TEL. 06035 96760
FAX 06035 967629

12-14 UND 18-22 UHR
MO RUHETAG

WWW.SCHLOSS-YSENBURG.DE

Friedberger Brauhaus

FRIEDBERG

HOPFEN UND
MALZ – GOTT ERHALT'S !

GUT & BÜRGERLICH | KÜCHE | PREISNIVEAU | AMBIENTE

Mitten im Herzen von Friedberg, auf der pulsierenden Kaiserstraße, lädt das „Friedberger Brauhaus" zur Einkehr ein. Unauffällig steht das Gebäude in einer engen Häuserflucht. Beim genauen Hinsehen fällt das Mauerwerk mit dem Kupferkessel auf. Mit dem Auto vorfahren kann man dort selten.

Meist sind alle Parkplätze belegt und viele der abgestellten Karossen mit Knöllchen hinter dem Scheibenwischer verziert. Dennoch hindert das niemanden daran, im „Brauhaus" einzukehren. Inhaber Walter Groß kann sich an eine Reihe prominenter Gäste erinnern, wie etwa an die Schauspieler Matthias Herrmann oder Claus Theo Gärtner aus der Serie „Ein Fall für zwei". Auch Talkmaster Jürgen von der Lippe hat sich in der Szenekneipe schon unter die Friedberger gemischt. Beliebt sind Angebote aus der bürgerlichen Küche, wie Haxe vom Grill, Essen vom heißen Stein oder täglich frische Schlachtplatten. Auf der Speisekarte stehen auch Rubriken wie „Als Vorspeise oder nur so zum Bier" oder „Essen, so viel Sie können". Werktags gibt es außerdem wechselnde Stammessen. In der kleinen Hausbrauerei werden aus feinsten Rohstoffen nach dem Reinheitsgebot von 1516 das helle und das dunkle St. Florian-Bräu sowie die Saisonbiere Weizen und Bockbier handwerklich gebraut. Bei Temperaturen um den Gefrierpunkt wird das Brau-Erzeugnis gelagert, bis sich der volle Biergeschmack entfaltet hat. St. Florian-Bier wird ungefiltert ausgeschenkt, mit dem vollen Gehalt an Eiweiß, natürlichen Vitaminen, Spurenelementen und Mineralstoffen.

FRIEDBERGER BRAUHAUS
KAISERSTRASSE 37-39
61169 FRIEDBERG
TEL. 06031 62112

MO-SA 11-24 UHR
SO 11-22 UHR

WWW.FRIEDBERGER-BRAUHAUS.DE

250 SITZPLÄTZE
AUF ZWEI ETAGEN

Großfeld

FRIEDBERG-DORHEIM

GASTRAUM DER SINNE

EDEL & FEIN | KÜCHE | PREISNIVEAU | AMBIENTE

Die gedämpfte, leise Musik bewirkt schon beim Betreten des Raumes eine angenehme Entspannung. Über die hohe Decke des alten Fachwerkhauses fließt ein warmes Licht. Die wahre Bedeutung des „Gastraums der Sinne" entfaltet sich allerdings erst so richtig, wenn sich die seelischen Streicheleinheiten mit den leiblichen Genüssen verbinden. 35 Gäste à la carte finden im Restaurant Platz, im Bedarfsfall natürlich mehr. Der „Rosengarten" – der Name hält, was er verspricht – schließt unmittelbar an und ist durch ein schmiedeeisernes Tor zu erreichen. Im „Gastraum der Sinne", ist die Speisekarte durch eine große Schiefertafel ersetzt. Darauf finden sich in täglich wechselnder Abfolge traditionelle und experimentelle Kreationen, die nach Wunsch zu individuellen Menüs kombiniert werden. Zuvor gibt es zwei Grüße aus der Küche, um den Gaumen schon einmal einzustimmen.

Gastgeber André Großfeld, Hessens jüngster Sternekoch, begann mit 17 die Lehre bei Alfons Schuhbeck. Nach Stationen in unterschiedlichen Sterne-Restaurants eröffnete er 2005 sein eigenes Restaurant. Großfeld sprüht vor kulinarischen Ideen und greift dabei auch auf die regionale Küche zurück, die er mit immer neuen Varianten bereichert.

GROSSFELD
ERBSENGASSE 16
61169 FRIEDBERG-DORHEIM
TEL. 06031 7918909

DI-SA AB 18.30 UHR
SO UND MO RUHETAGE
WWW.ANDRE-GROSSFELD.DE

ROSENGARTEN UND SEELISCHE STREICHELEINHEITEN

Schlosshotel

GEDERN

NEUER STANDORT
MIT ALTER QUALITÄT

SZENE & TREND | KÜCHE | PREISNIVEAU | AMBIENTE

Gepflegte, deutsche Küche in fürstlichem Ambiente bekommt der Gast im „Schlosshotel Gedern". Küchenmeister Hubertus Schultz, Jahrgang 1963, ist in dem stattlichen Gebäude mit Schultz Food & Events sesshaft geworden. Er ist seit über 25 Jahren Koch aus Leidenschaft. Erste Adressen der Topgastronomie in ganz Europa prägten seine Fähigkeiten. Der Küchenmeister, der über jahrelange Erfahrungen im Management bei internationalen Konzernen wie Eurest, Mitropa und Centerparcs verfügt, setzt auf einen neuen Standort, neue, interessante Zusatzangebote und kontinuierliche Qualität.

Nach dem Motto „Eine gute Küche ist das Fundament wahren Glücks!", ist Schultz für jede kulinarische Überraschung gut. So richtet der mehrfach ausgezeichnete Küchenmeister nicht nur Grillevents oder Dinner-Theater aus, sondern bietet einen Kochzirkus an und ist auf Gewerbemessen und Betriebsfesten präsent. Langjährige Erfahrungen in der individuellen Umsetzung neuer Eventkonzepte spornen Schultz zu Höchstleistungen an. Das bekommen seine Gäste im „Schlosshotel Gedern" auf angenehme Weise zu spüren. Denn im Schloss spielt sich die Hauptsache auf dem Teller ab. Da gibt es – als Teil eines ausgeklügelten Menüvorschlags – so leckere Gerichte wie Gänsekeule nach Großmütterchens Art zu genießen oder Laugenbrezeltaler, Kartoffel-Samt-Suppe und Eisparfait an Pralinensoße. Gerichte, bei denen einem das Wasser im Mund zusammenläuft. Spannende Kochtechniken vermittelt Schultz auch in der Kochakademie.

SCHLOSSHOTEL GEDERN
SCHLOSSBERG 5
63688 GEDERN

TEL. 06045 96150

DI-FR AB 18 UHR
SA-SO 12-14 UHR
UND AB 18 UHR

WWW.SCHLOSSHOTEL-GEDERN.DE

Landgasthof Wolf

GEDERN-STEINBERG

ERHOLUNG
UND ENTSPANNUNG

GUT & BÜRGERLICH

KÜCHE

PREISNIVEAU

AMBIENTE

Dort, wo die Luft rein, das Wasser klar und die Wälder so grün sind, dass sie beinahe an Johanna Spyris „Heidi" erinnern, liegt am Rande des Naturschutzgebiets „Hoher Vogelsberg" der „Landgasthof Wolf". Beliebte Ausflugsziele in naher Umgebung sind der Gederner See, der Spießweiher, der Hoherodskopf (763 Meter ü. NN), der Taufstein (774 Meter ü. NN) und die Herchenhainer Höhe. Wanderungen in herrlich waldreicher Umgebung, Rodeln und Langlaufloipen sorgen für Erholung und Entspannung. Die Räume des Landgasthofs sind mit viel Geschmack eingerichtet, das Haus ist ein Juwel der Ruhe. Gepflegtes Essen und Trinken wird als Muss für einen schönen Urlaub verstanden. Küche und Keller bieten viel Abwechslung. Stilvoll eingerichtete Räume eignen sich gut für Konferenzen und Feiern und die Festtafeln werden mit viel Liebe gedeckt. Dem Genießen, Tagen und Feiern steht im „Landgasthof Wolf" nichts im Weg. Das Essen wird schnell, sorgsam und mit frischen Zutaten zubereitet. Die Zimmer im Innenbereich sind gemütlich eingerichtet. Hallenschwimmbad (Wassertemperatur bei 28 Grad), Solarium, Sauna, Tischtennis und eine große Liegewiese sind vorhanden. Die Gästezimmer sind mit Südbalkon ausgestattet. Vor dem Hotel lädt eine Sonnenterrasse zum Entspannen ein. Ausflüge sind bequem zum Sole-Bewegungsbad in Bad Salzhausen oder zur Sommerrodelbahn auf dem Hoherodskopf möglich. Unbedingtes Muss nach kalorienreichem Essen ist der „Steinberger Stiefel". Wurstspezialitäten gibt es zum Mitnehmen.

LANDGASTHOF WOLF
WEIHERSTRASSE 17
63688 GEDERN-STEINBERG

TEL. 06045 4515
FAX 06045 5754

MO-SA 8-14 UHR
UND 16-22 UHR

SO UND FEIERTAGE 8-22 UHR
DI RUHETAG

WWW.
LANDGASTHOF-WOLF-STEINBERG.DE

Bahnhof Glauberg

GLAUBURG

KÖNIGSBERGER KLOPSE
AN JUGENDSTIL

KIND & KEGEL | KÜCHE | PREISNIVEAU | AMBIENTE

Das Stillleben ist aussagekräftig. Es zeigt Natursandstein, abgeschliffene Originaldielen, Lehmputz und mittendrin bequeme Ledergarnituren. Mit Inbetriebnahme des Erdgeschosses eröffnete das Hammersbacher Pächterehepaar Susanne Rehberg und Christian Jonca am 1. September 2007 die gastronomische Lokalität im ehemaligen Bahnhofsgebäude in Glauburg. Der historische Landbahnhof mit Anklängen Darmstädter Jugendstils wurde 1905 erbaut. Als die Bahn Anfang der 90er Jahre den Betrieb einstellte, verfiel das Kulturdenkmal. Heute zeigt es sich als regionales Schmuckstück. Die Räume im Erdgeschoss gliedern sich in einen Nichtraucherbereich (früherer Wartesaal), ein Kaminzimmer (einstige Gepäckhalle) und eine Lobby mit Theke. 50 Sitzplätze stehen im Innenbereich zur Verfügung. Die frühere Fahrkartenausgabe dient als Durchreiche von der Küche zur Theke. Unter dem Motto „Nostalgische Küche aus Omas Zeiten mit kulinarischer Raffinesse" kommen Königsberger Klopse oder uriger Sauerbraten auf den Tisch. Draußen gibt es einen gemütlichen Biergarten mit 60 Plätzen und einem zusätzlichen Ausschank für Radler. Toiletten sind in einen Waggon integriert. Ein Brunnen soll reaktiviert werden.

LANDGASTHOF BAHNHOF GLAUBERG
HEEGHEIMERSTRASSE 14
63695 GLAUBURG

TEL. 06041 9605144

DI-SA 17-23 UHR
SO 11.30-22 UHR
MO RUHETAG

WWW.LANDGASTHOF-GLAUBERG.DE

Tipp: Prof. Dr. Egon Schallmayer, Hessischer Landesarchäologe

Kastanienstuben

NIDDA-BAD SALZHAUSEN

BACKOFENBROT
AN DEN GLEISEN

REGIONAL & ORIGINAL | KÜCHE | PREISNIVEAU | AMBIENTE

Zufällig kommt an den „Kastanienstuben" niemand vorbei, denn sie liegen abseits der Durchgangsstraßen. Im oberen Kurpark Bad Salzhausens liegt Niddas einzige Gaststätte mit Bahnanschluss – genauer: an der Strecke Nidda–Friedberg. Inhaber Gerhard Daubert kaufte das Bahnhofsgebäude 1986. Den Anbau sowie das Brot- und Kuchenbackhaus von 1888 erwarb er später. Samstags wird der Ofen mit harzfreiem Holz angefeuert und bei 180 Grad werden Brot und Kuchen gebacken. Von viel Grün und hochwachsenden Sonnenblumen umgeben, präsentiert sich der idyllisch gelegene Biergarten. Im Spätsommer gibt es „Deutschen Federweißer" und Zwiebelkuchen, Berliner Weiße und alkoholfreien Apfelwein. Das Restaurant, das direkt an der Route 1, der Apfelwein- und Obstwiesenroute liegt, schenkt auch vom Fass aus. Dauberts Gäste kommen aus den Ballungsräumen Offenbach, Frankfurt, Gießen, um die regional-rustikale Küche zu genießen. Abseits des Asphaltdschungels lockt die Speisekarte mit Rheinischem Sauerbraten oder Lendchen mit Pfifferlingen. Im Restaurant mit offenem Kamin erinnern nostalgisches Eisenbahnzubehör und Fotografien an die gute alte Zeit.

RESTAURANT CAFÉ KASTANIENSTUBEN
IM PARK 3
63667 NIDDA-BAD SALZHAUSEN
TEL. 06043 1411

IM SOMMERHALBJAHR
TÄGLICH AB 11.30 UHR

WWW.
APFELWEINROUTE-WETTERAU.DE

Tipp: Lucia Puttrich, Bürgermeisterin von Nidda

Zur Traube

NIDDA

SAISONALE BIERSPEZIALITÄTEN

REGIONAL & ORIGINAL | KÜCHE | PREISNIVEAU | AMBIENTE

Die „Traube", Niddas traditionsreichste Hotel- und Gastronomieadresse, ist der Geheimtipp des Hessischen Ministerpräsidenten Roland Koch unter den schönsten Lokalen für den Sommer. Er liebt besonders das dunkle Bier und das Ambiente. Direkt am Marktplatz gelegen, verwöhnt die „Traube" mit uriger Gemütlichkeit und freundlicher Gastlichkeit. Besonders beliebt ist das naturtrübe Bier „Niddaer Marktbräu" aus der hauseigenen Brauerei. Kenner schätzen die saisonalen Bierspezialitäten wie Mai- und Weihnachtsbock, Hefeweizen im Sommer oder das Fastenbier zur Karnevalszeit. Spannend ist es für die Gäste, den Brauvorgang hautnah zu beobachten, da die Brauerei in die Gasträume integriert ist. Das Restaurant setzt Maßstäbe. Geschätzt für seine erlesene regional geprägte Küche, lassen sich raffinierte oberhessische Spezialitäten probieren. Die „Traube" ist ein stilvolles, traditionelles Hotel mit exklusiver Ausstattung. Das Bier lässt sich sowohl an der Theke trinken als auch in der Gaststätte auf zwei Etagen, in der „Bierschwemme" im Kellergeschoss oder auf der Terrasse. Feiern und tagen oder stilvoll logieren und schlafen ist möglich.

HOTEL ZUR TRAUBE
NIDDAER GASTHOFBRAUEREI
MARKT 21
63667 NIDDA
TEL. 06043 40470, FAX 404710

MO-DO 11-14.30 UND 17-24 UHR
FR 11-14.30 UND 17-1 UHR
SA 11-1 UHR, SO 10-24 UHR

WWW.HOTEL-ZUR-TRAUBE.DE

Tipp: Roland Koch, Hessischer Ministerpräsident

Berggasthof Hoherodskopf

SCHOTTEN

JEDERZEIT PANORAMABLICK

KIND & KEGEL | KÜCHE | PREISNIVEAU | AMBIENTE

Fünf Gasträume – 80, 70, zweimal 35 und 25 Sitzplätze – sowie Gartenterrasse und Biergarten mit weiteren 180 Sitzplätzen stellt der „Berggasthof" für seine Gäste bereit. Das Haus liegt direkt an der Spitze des Hoherodskopfes. Im Herzen des Vogelsbergs situiert, ist er ein reizvolles Ziel für Wanderer und Ausflügler: gepflegte Gastlichkeit mit rustikaler Atmosphäre. Bei Interesse können Kutsch- oder Planwagenfahrten vermittelt werden, besonders im Frühjahr und Sommer bescheren diese einen vergnüglichen Ausflug in die Natur. Enttäuscht wird auch der nicht, der eine Unterkunft sucht. Das Angebot umfasst 38 Betten und eine große Ferienwohnung für bis zu 12 Personen. Gemütliche Atmosphäre ist zu jeder Jahreszeit garantiert. Das riesige Platzangebot ist auch für größere Gruppen wie Busreisende oder Vereinsausflügler geeignet. Durchgehend wird warme Küche angeboten, mit einer großen, variationsreichen Auswahl an nationalen und internationalen Gerichten. Vogelsberger Spezialitäten und das beliebte Spanferkelessen sind die kulinarischen Renner im „Berggasthof". Wegen des Panoramablicks über den Vogelsberg sind die Plätze im Biergarten besonders beliebt. Bekannt ist das Haus wegen seiner großen Kuchenauswahl und der Eisspezialitäten. Zur Standardkarte gibt es immer wieder wechselnde Monatskarten und Empfehlungen nach Saison. Zahlreiche Freizeitangebote wie der Nidda-Stausee oder die 700 Meter lange Sommerrodelbahn befinden sich in unmittelbarer Nähe.

BERGGASTHOF HOHERODSKOPF
AUSSERHALB 4
63679 SCHOTTEN

TEL. 06044 8222
FAX 06044 5387

DI-FR 11-18 UHR
SA UND SO 10-18 UHR
MO RUHETAG

WWW.BERGGASTHOF-HOHERODSKOPF.DE

KAPITEL 10 Wiesbaden

Äbbelwoi Schmidt

WIESBADEN

BEMBEL-
HOCHBURG

GUT & BÜRGERLICH | KÜCHE | PREISNIVEAU | AMBIENTE

Die rustikale Gartenwirtschaft liegt inmitten satten Grüns mit Schrebergärten im Walkmühltal. Sie hat sich nicht nur namentlich Hessens Nationalgetränk verschrieben. Neben dem „Stöffche" aus regionaler Erzeugerabfüllung gibt's auch Bier aus heimischen Gefilden. Allerdings nicht von der auf der anderen Talseite liegenden Walkmühle, in der sich bis 1915 die Steinkauler'sche Brauerei befand, sondern vom Mainz-Kasteler Brauhaus Castel. Viele Gäste kommen mit dem Fahrrad oder auf Schusters Rappen zur Bembel-Hochburg, um sich den Spezialitäten des Ausflugslokals hinzugeben. Und die bestehen keinesfalls nur aus flüssiger Nahrung. Neben dem obligatorischen Handkäs' mit oder ohne Musik gibt's täglich frisches Holzofenbrot, gebacken mit Vollkornmehl und Natursauerteig. Nicht nur vor Ort lecker, sondern auch zum Mitnehmen. Ebenso beliebt sind aber Traditionsgerichte wie die Leberknödel in Altbiersoße, die Rippchen mit Kraut, die knusprigen Haxen, der original Flamm- oder der selbst kreierte Käsekuchen aus dem Holzofen. Und wer mindestens elf weitere Freiluftfanatiker um sich schart, kann einen ganz besonderen Bauernschmaus vorbestellen: Ab zwölf Personen bereitet man bei „Äbbelwoi Schmidt" im Holzofen ein komplettes Spanferkel. Wer's mag, ist hier an der goldrichtigen Adresse.

ÄBBELWOI SCHMIDT
BORNHOFENWEG 17
65195 WIESBADEN

TEL. 0611 406649

MO 18-22.30 UHR
DI-SA 16-22.30 UHR
SO UND FEIERTAGE 13-22.30 UHR

WWW.AEBBELWOI-SCHMIDT.DE

TÄGLICH FRISCH GEBACKENES BROT
AUS DEM HOLZOFEN

Beau Site

WIESBADEN

SCHÖNE TAGE
OPEN-AIR

GUT & BÜRGERLICH | KÜCHE | PREISNIVEAU | AMBIENTE

Das Restaurant „Beau Site" hält uneingeschränkt, was sein Name (französisch: „schöne Lage") verspricht. Liegt es doch inmitten satten Grüns mit freiem Blick auf die historische Nerobergbahn. Bei schönem Wetter bietet dieses traditionsreiche Plätzchen Außenbestuhlung für bis zu 70 Personen.

Darüber hinaus gibt der große und rustikal angelegte Biergarten mit bayerischen Spezialitäten und Weihenstephaner aus Krügen weiteren 150 Open-Air-Fans einen Grund zum Verweilen. Die gehobene deutsche Küche von Bruno Henrich, angereichert mit französischen sowie mediterranen Akzenten, erfüllt die von der Speisekarte geweckten Versprechungen. Den Schwerpunkt seines kulinarischen Angebots legt der gebürtige Wiesbadener, der einstmals dem legendären I-Punkt in der Wilhelmstraße Leben einhauchte, auf Fisch. Hierbei besonders empfehlenswert: „Brunos Bouillabaisse".

BEAU SITE
NEROTAL 66
65193 WIESBADEN
TEL. 0611 526066

MO-FR 12-14.30 UND 18-24 UHR
SA-SO 18-24 UHR

WWW.BEAUSITE.DE
SOMMER-OASE AM FUSSE DES NEROBERGS

Tipp: Gerd Käfer, Familienmitglied des traditionsreichen Münchner Feinkost-Unternehmens Käfer's

La Casa Toscana

WIESBADEN-BIEBRICH

TOSCANA
ZU HAUSE

EDEL & FEIN | KÜCHE | PREISNIVEAU | AMBIENTE

Die Nachbarschaft des Eckhauses ist einerseits von edlem Geblüt, andererseits von dahinfließendem Charme. Im Biebricher Schloss residierten einst die Herzöge von Nassau, und der Rhein lädt an seinem Ufer zur Auszeit ein. Die Schätze des „La Casa Toscana" liegen dagegen im Verborgenen. Sein wunderschöner, liebevoll gestalteter Innenhof, einem südländischen Patio vergleichbar, zaubert Urlaubsstimmung in die deutsche Seele. Terrassenmöbel aus Holz stehen auf rotem Backstein-Pflaster, die Tische sind einladend eingedeckt, weiße Sonnenschirme spenden Schatten, schaffen aber gleichwohl ein helles, freundliches Klima. Auch fürs leibliche Wohl ist im „toskanischen Haus" von Francesco Stabilito bestens gesorgt. Die Küche gibt sich klassisch italienisch, wobei der Schwerpunkt auf regionaltypischen Spezialitäten aus der Toskana liegt. Alles angereichert mit einer gehörigen Portion Kreativität. Zum Beispiel appetitanregende Amuse-Gueules, die nach mehr verlangen. Oder eine kleine Komposition aus sonnenreifen Tomaten, frischem Basilikum und Büffelmozzarella. Und danach vielleicht hausgemachte schwarze „Tortellini Neri" mit Lachsfüllung in Kerbelschaumsoße. Oder saisonale deutsche Köstlichkeiten wie Spargel, allerdings italienisch zubereitet: mit Artischockenherzen, klein gewürfelten Tomaten und schwarzen Oliven.

LA CASA TOSCANA
AM SCHLOSSPARK 1
65203 WIESBADEN-BIEBRICH

TEL. 0611 1861110

TÄGLICH
11.30-0.30 UHR

TOSKANISCHE KÜCHE
IN MEDITERRANEM PATIO SERVIERT

Der Turm

WIESBADEN

HOCH HINAUS
AUF DEM NEROBERG

KIND & KEGEL | KÜCHE | PREISNIVEAU | AMBIENTE

Der (leider nicht begehbare) Turm ist das Einzige, was von dem schlossartigen Neroberg-Hotel übrig blieb. Dieses stand 105 Jahre auf dem Wiesbadener Hausberg, bevor es 1986 zum Raub der Flammen wurde. Anfang der 50er Jahre diente die Terrasse des malerisch gelegenen Anwesens sogar als Kulisse für den Film „Wenn der weiße Flieder wieder blüht", in dem die damaligen Teenager Romy Schneider und Götz George ihr Debüt gaben. Der Turm ist heute Bestandteil eines Cafés, das – umgeben von bis zu 1.000 Jahre alten Eichen – auf 245 Höhenmetern mit einem grandiosen Ausblick über Wiesbaden liegt. Bis zu 400 Gäste finden hier auf rustikalen Bänken und Stühlen Platz zum Entspannen und Genießen. Die Bistro-Küche bietet neben Kleinigkeiten wie original Münchener Weißwürsten auch Herzhaftes aus Topf und Pfanne. Die Kleinsten werden nicht nur mit einer Kinderkarte bei Laune gehalten, denn das grüne Areal mit Erlebnismulde aus Steinquadern bietet ausreichend Platz zum Spielen und Austoben.

DER TURM
AUF DEM NEROBERG 1
65193 WIESBADEN
TEL. 0611 9590987

SO-DO 12-24 UHR
FR-SA 12-1 UHR

WWW.DERTURM.DE
VIEL AUSSICHT
SCHON IM ERDGESCHOSS

Tipp: Frederik Malsy, Schauspieler bei „Für Garderobe keine Haftung", Improvisationstheater

Di Gregorio

WIESBADEN

CAMPARI UND APRICOT

EDEL & FEIN | KÜCHE | PREISNIVEAU | AMBIENTE

„Classico Italiano" verheißt das Schild des Ristorante „Di Gregorio" am Eingang – und es hält Wort. Sowohl in Küche und Keller als auch beim Ambiente und beim Service. Dafür sorgt der Patron des Hauses, Francesco (Ciccio) di Gregorio, höchstpersönlich. Und er weiß, wie's geht, ist er doch mit Leib und Seele seit mehr als 35 Jahren in der Gastronomie tätig. Der gebürtige Sizilianer lässt seine Gäste einfach vergessen, wo sie sind. Auch auf der mediterran gestalteten Terrasse mit rosafarbenen Tischdecken und Kerzenschein wähnt man sich eher an einem lauschigen Plätzchen irgendwo in Süditalien als in der Nähe der Frankfurter Straße. Und schon nach ein paar Gläsern des empfohlenen Rotweins sind sich viele sicher, nicht allzu entfernt sanftes Meeresrauschen zu vernehmen – bei dem der geliebte Duft der Pinienwälder immer intensiver zu werden verspricht. Neben dem klassischen Angebot à la carte sind es vor allem die Tagesempfehlungen, welche die Küche unter Leitung von Salvatore Privitera für die Stammgäste so auszeichnet. Je nach Marktlage haben sie die Qual der Wahl zwischen drei, vier oder fünf Kreationen. Zum Beispiel hauchdünn geschnittenes Kartoffel-Carpaccio mit gegrillten Scampi, hausgemachte Pasta mit frischen Sommertrüffeln, Dorade in Salzkruste für zwei Personen oder zarter Babysteinbutt mit Tomaten-Confit und Olivenöl.

DI GREGORIO
FRANKFURTER STRASSE 36
65189 WIESBADEN

TEL. 0611 3757177

MO-SO 11.30-15 UHR
UND 17.30-23 UHR

WWW.DI-GREGORIO.DE

KLASSISCH ITALIENISCH – AUF DER TERRASSE UND DEN TELLERN

Domäne Mechtildshausen

WIESBADEN-ERBENHEIM

BIO VOM FEINSTEN

REGIONAL & ORIGINAL | KÜCHE | PREISNIVEAU | AMBIENTE

Sie wurde im 12. Jahrhundert erstmals urkundlich erwähnt, liegt an der „via regia" (Königsstraße), dem bedeutenden westöstlichen Verkehrsweg des Mittelalters, und diente einst Kaisern und Königen als Versorgungsgut. Seit 1987 ist die „Domäne Mechtildshausen" vom Land Hessen an eine Betreibergesellschaft verpachtet, präsentiert sich als Ausbildungsstätte für sozial benachteiligte Jugendliche und arbeitet bereits viele Jahre als anerkannter Bioland-Betrieb. Das ökologisch orientierte Domänen-Restaurant mit lauschigem Garten ist ein kulinarischer Ort von mediterranem Ambiente und ausgezeichneter Saisonküche, die den königlichen Anspruch der Vergangenheit mit Sicherheit toppt. Die verarbeiteten Lebensmittel – Fleisch, Eier, Obst, Gemüse, Salate, Backwaren, Käse und andere Milchprodukte – kommen in allerhöchster Bioqualität fast ausschließlich vom Hof selbst. Hohen Genuss bietet hier aber nicht allein die Küche. Denn in den Kellern lagern hervorragende deutsche und französische Weine.

DOMÄNE MECHTILDSHAUSEN
AM FORT BIEHLER / US AIR BASE
65205 WIESBADEN-ERBENHEIM

TEL. 0611 7374660

DI-SA 11-14 UHR UND 18-22 UHR
SO 11-14 UHR, MO RUHETAG

WWW.DOMAENE-MECHTILDSHAUSEN.DE

SCHLEMMEN MIT GENUSS IN HÖCHSTER BIO-QUALITÄT

Tipp: Hans Dieter Schreeb, Schriftsteller

Frankfurter Hof

WIESBADEN-NORDENSTADT

EBBELWOI UND REBENSAFT

REGIONAL & ORIGINAL | KÜCHE | PREISNIVEAU | AMBIENTE

Der „Frankfurter Hof" in Nordenstadt hat im Grunde alles überlebt und ist trotz Euro-Umstellung und Wirtschaftsflaute geblieben, was er immer war: eine gelungene Mischung aus Dorfkneipe, Bembel-Stubb, Ausflugsziel, In-Treff der Städter und gutbürgerlichem Restaurant. Und das funktioniert seit 1870 – mehr als 125 Jahre und in fünfter Generation. Traditionell wird am 1. Mai die Freiluftsaison eröffnet. Den Äppler gibt's dann im gepflasterten Hof wie immer in allen Abmessungen, besser gesagt: Bembeln. Aber das Nationalgetränk der Hessen, der „Äbbelwoi", hat hier mittlerweile Konkurrenz bekommen: Wenn auch immer noch selbst gekeltert, geht man eben mit der Zeit. Nicht nur die Weinliebhaber des heimischen Rieslings werden bestens bedient, sondern auch die Weitgereisten – durch italienische, französische oder zum Beispiel portugiesische Rebensäfte. Die Speisekarte hält eher Einheimisches vorrätig: Hand- und Spundekäs' mit Bauernbrot, Rippchen mit Kraut, Presskopf, Blut- und Leberwurst. Und auch die Tische im Innenhof, die 100 Leuten Platz bieten, sind althergebracht und eher groß bemessen. Weshalb vereinzelte Gäste auch nicht lange allein sitzen bleiben und zwangsläufig Anschluss finden. Gut so – Familie Sprenger sei Dank!

FRANKFURTER HOF
OBERPFORTSTRASSE 2
65205 WIESBADEN-NORDENSTADT
TEL. 06122 2467

DI-SA AB 17 UHR
SO UND MO RUHETAGE

WWW.FRANKFURTERHOF.COM

BODENSTÄNDIGKEIT
MIT WEINBLICK NACH EUROPA

Gollner's Burg Sonnenberg

WIESBADEN-SONNERNBERG

FEINSCHMECKER AUF DER BURG

EDEL & FEIN | KÜCHE | PREISNIVEAU | AMBIENTE

Die Aussicht von der Gartenterrasse am Fuße der Überreste der Burg Sonnenberg ist einfach traumhaft. Um 1200 von den Grafenbrüdern Heinrich und Ruprecht von Nassau erbaut, wurde das Gemäuer allerdings nie durch Kampfhandlungen zerstört, vielmehr ließen es die Nachfahren einfach verfallen. Für Museumsgänger bedeutend ist heute vor allem der Bergfried, in dem an jedem zweiten und vierten Samstag im Sommer eine Ausstellung über die Geschichte der Burg besichtigt werden kann. Kulinarisch bedeutend präsentiert sich hingegen die international ausgerichtete Küche des Restaurants von Günther Gollner, bei der österreichische Kreationen dominieren. Darunter Klassisches wie original Wiener Schnitzel, Tafelspitz oder Topfenpalatschinken. Ansonsten bietet das Haus für jeden Geschmack etwas – vom kleinen Schmankerl bis zum harmonisch zusammengestellten Menü. Als Vorspeise zum Beispiel Feldsalat mit steirischem Kürbiskernöl, Speck und Croûtons. Danach „Wolfsbarsch mit Lauchhaube auf Limonenrisotto in Curry-Zitronengras". Und als krönenden Abschluss Schokoladen-Tagliatelle mit karamellisierter Ananas und Champagner-Eis. Das Ganze serviert auf der edlen Terrasse voll historischem Ambiente, ausgestattet mit modernen Philippe-Starck-Sitzmöbeln und einem gigantischen Blick auf Sonnenberg.

GOLLNER'S BURG SONNENBERG
AM SCHLOSSBERG 20
65191 WIESBADEN-SONNENBERG

TEL. 0611 541409

MI-MO 12-14.30 UND 18-24 UHR
DI RUHETAG

WWW.GOLLNERS.DE

GOURMET-ADRESSE AM FUSSE
EINES 800 JAHRE ALTEN GEMÄUERS

Hof Nürnberg

WIESBADEN-FRAUENSTEIN

WIE GOETHE
AM RHEINTAL

REGIONAL & ORIGINAL | KÜCHE | PREISNIVEAU | AMBIENTE

Der Gebäudekomplex ist ein ehemaliger Wehrhof, den die nassauischen Grafen im 14. Jahrhundert auf dem Nornberg erbauen ließen. Zum Schutz vor den neuen Besitzern der Burg Frauenstein, dem Mainzer Erzstift. Heute ist der wunderschön gelegene „Hof Nürnberg" im Besitz der Stadt Wiesbaden und seit 1939 an die Familie Becker verpachtet. 10 Jahre später eröffnete diese dort eine kleine Straußwirtschaft mit anfangs 15 Sitzplätzen. Mittlerweile bietet allein die weitläufige Sonnenterrasse 200 Gästen Platz. Inmitten der Rebenlandschaft und unter Schatten spendenden Bäumen kann man den Sommer ausgiebig genießen. Dieser Ansicht war auch Johann Wolfgang von Goethe, als er an einem Julitag des Jahres 1815 auf dem Hof zu Mittag speiste, Rheinwein trank und „die prachtvolle Aussicht" bewunderte. Die Küche des Weinguts ist gutbürgerlich, angereichert mit regionaltypischen Leckereien wie Spunde- und durchgereiftem Handkäs' mit oder ohne Musik. Darüber hinaus bietet das Ausflugslokal Rot- und Weißweine aus eigenem Anbau, selbst gemachte Fruchtsäfte, Gelees und Wurstspezialitäten. Und wenn die Kirschblüte im April in Frauenstein Einzug hält, kommt zum genussvollen Gaumenschmaus und zur einzigartigen Sicht über das Rheintal auch noch ein betörender Duft hinzu.

HOF NÜRNBERG
65201 WIESBADEN-FRAUENSTEIN

TEL. 0611 421626
FAX 0611 9410468

FR-MI 11-23 UHR
DO RUHETAG

WWW.HOF-NUERNBERG.DE

SELBST GEMACHTE FRUCHTSÄFTE
UND WURST IN DOSEN

Hubertushütte

WIESBADEN-SONNENBERG

SCHLEMMEN IN
DER EINSTIGEN SCHUTZHÜTTE

KIND & KEGEL | KÜCHE | PREISNIVEAU | AMBIENTE

Die „Hubertushütte" liegt am Ende des gesetzlich geschützten Flora-Fauna-Habitat-Gebiets „Goldsteintal" und empfängt seit über 100 Jahren die Ausflügler. Und so, wie alljährlich Kröten und Frösche im Frühjahr auf ihrer Hochzeitswanderung zu den Teichen dorthin unterwegs sind, kommen mit den ersten Sonnenstrahlen auch die Gäste wieder zuhauf. Vor allem Spaziergänger, Wanderer, Radler, Skater und Familien mit Kindern. Denn die von Bäumen umrahmte grüne Idylle bietet ihnen allen ideale Möglichkeiten – ob zur sportlichen Betätigung, zum Austoben oder zur puren Erholung. In den Sommermonaten lädt die große, mit üppigen Grünpflanzen und bunten Blumenkästen bestückte Gartenterrasse beim Blick auf Wiesen und Wälder zum Genießen ein. Weiße Schirme schützen vor zu intensiver Sonne. Ist Letztere untergegangen oder verbirgt sie sich hinter Wolken, sorgen große Heizstrahler für gemütliches Wohlbefinden. Die bürgerliche, saisonal ausgerichtete Küche tut mit Fleisch-, Fisch- und vegetarischen Spezialitäten ein Übriges. Empfehlenswert sind vor allem Kreationen mit Wild aus heimischen Wäldern. Auch junge Gäste sind in der „Hubertushütte" gut aufgehoben. Dafür sorgen nicht nur speziell für sie auf der Speisekarte angebotene Kindergerichte, sondern auch ein Spielplatz mit Rutsche und Schaukeln.

HUBERTUSHÜTTE
GOLDSTEINTAL 60
65207 WIESBADEN
TEL. 0611 542410

IM SOMMER
TÄGLICH AB 12 UHR

WWW.DIEHUBERTUSHUETTE.DE

VERSCHWIEGENE TAL-IDYLLE
MIT KINDERSPIELPLATZ

Jagdschloss Platte

WIESBADEN

HOCH OBEN
AUF DER PLATTE

KIND & KEGEL | KÜCHE | PREISNIVEAU | AMBIENTE

Das „Jagdschloss Platte", einst ein dreigeschossiger kubischer Bau, den Herzog Wilhelm von Nassau 1823 in italienischer Renaissance-Architektur erbauen ließ, wurde im Zweiten Weltkrieg durch Brandbomben völlig zerstört. Vis-à-vis der Ruine – die restauriert wurde und nun ein beliebter Kultur- und Veranstaltungsort ist – befindet sich der Gasthof „Jagdschloss Platte". Das traditionsreiche Ausflugslokal hoch über Wiesbaden wird vom Gastro-Team Günter Gollners betrieben, der auch das Restaurant auf der Burg Sonnenberg unterhält. Die große, einladende Terrasse des Gasthofs, ehemals Herberge und Forsthaus, ist mit rustikalen Holzbänken und -tischen bestückt. Bei schönem Wetter für Wanderer und Mountainbiker, die 500 Meter über Normalnull erklommen haben, förmlich ein Muss zur Rast. Aber auch bei älteren Herrschaften und Familien mit Kindern, die gezielt mit dem Stadtbus oder dem Auto auf den Taunuskamm kommen, ist die Frischluftoase beliebt. Die Küche präsentiert sich bodenständig deutsch, handfest und zünftig, angereichert mit einem Schuss Internationalität. Saisonale Spezialitäten wie Wild-, Spargel- oder Pilzgerichte stehen prinzipiell am Schwarzen Brett. Kinder werden – nachdem sie sich auf der grünen Wiese oder beim Minigolfen verausgabt haben – mit einer Extrakarte bei Laune gehalten.

GASTHOF JAGDSCHLOSS PLATTE
AN DER B 417 (PLATTE)
65195 WIESBADEN
TEL. 0611 181180

TÄGLICH 12-24 UHR

WWW.JAGDSCHLOSS-PLATTE.DE

DER BERG RUFT! MIT FRISCHLUFT, KÜHLEM BIER UND GUTEM ESSEN

Landhaus Diedert

WIESBADEN-KLARENTAL

ENTSPANNEN UNTERM BLÄTTERDACH

EDEL & FEIN | KÜCHE | PREISNIVEAU | AMBIENTE

In dem stilvollen Landhaus mit Restaurant und Hotellerie wähnt man sich eher in einem alten französischen Refugium der Provence als am Stadtrand von Wiesbaden. Es wurde auf historischem Boden des ehemaligen Klarissenklosters Klarenthal aus dem 13. Jahrhundert errichtet. Eingebettet in das satte Grün der Taunus-Ausläufer, können sich Gäste unter dem lichtdurchfluteten Blätterdach uralter Platanen ihren persönlichen Sonnentags- oder Sommernachtstraum erfüllen. Der wunderschön angelegte Garten der Familie Diedert, die das Landhaus vor mehr als 20 Jahren mit viel Liebe zum Detail restaurierte und neu aufbaute, präsentiert sich in südländischem Ambiente und bietet etwa 80 Gästen Platz. Die gehobene regionale Küche orientiert sich am saisonalen Marktangebot, ist mediterran angehaucht und kreativ. Sie verwöhnt den Gast nicht nur kulinarisch, sondern auch optisch. Und ganz im Sinne französischer Gepflogenheiten wird dieser mit einem Amuse-Gueule aus der Küche begrüßt: etwa mit einer Miniaturausgabe Vitello tonnato, die den Gaumen auf zu erwartende Köstlichkeiten einstimmen soll. Dazu gehören dann beispielsweise die Riesengarnelen am Zitronengras-Spieß, gebraten auf provenzalischem Risotto, oder die Kartoffel-Lauch-Terrine mit Zucchini-Carpaccio, oder das Lammrückenfilet in Wildkräuterkruste mit Ratatouille und Rosmarin-Jus.

LANDHAUS DIEDERT
AM KLOSTER KLARENTHAL 9
65195 WIESBADEN-KLARENTHAL

TEL. 0611 1846600

DI-SO 12-14 UHR UND 18-22 UHR
SA AB 18 UHR, MO RUHETAG

WWW.LANDHAUS-DIEDERT.DE

PROVENZALISCHES AMBIENTE
UNTER ALTEN PLATANEN

Linner

WIESBADEN

VON SONNENAUF- BIS SONNENUNTERGANG

EDEL & FEIN | KÜCHE | PREISNIVEAU | AMBIENTE

Nicht nur der Name „Linner" ist neu, auch Außen- und Innenleben des Restaurants im Hotel Oranien wurden 2005 völlig neu gestaltet. Dabei ist der Hinweis am Eingang, dass das Haus auch über einen Biergarten verfügt, eine einzige Untertreibung. Der großzügige Terrassenbereich entpuppt sich als wunderschöne grüne Oase mitten in Wiesbaden. Stilvoll umstanden von schattigen Bäumen und untermalt vom zarten Plätschern eines Springbrunnens, kommt mediterranes Wohlfühl-Flair auf, das sich noch einmal ausufernd erhöht, wenn am Abend die Gartenbeleuchtung zusätzlich für Stimmung sorgt. Küchenchef Ralf Hauer bevorzugt eine saisonal ausgerichtete Küche mit regionalen und internationalen Spezialitäten. Durchgehend geöffnet, lädt das Restaurant bei entsprechender Witterung im Hotelgarten je nach Tageszeit zum Frühstück, zu Gerichten à la carte, montags bis freitags zum Business-Lunch, zur Befriedigung des kleinen Hungers zwischendurch oder auch nur zum Cappuccino mit Sahne und etwas Süßem ein. Oder vielleicht lieber doch was Herzhaftes? Etwas zum kleinen Einstieg? Etwa in Parmaschinken gebackener Ziegenkäse mit Blattsalat und Himbeer-Dressing als Vorspeise. Dann Spaghetti Aglioli mit gebratenem Garnelenspieß oder Seeteufel auf Mango-Chutney mit Tagliatelle. Und last but not least: eine erfrischende Sorbetvariation mit frischen Früchten der Saison. Der Gast hat die Wahl – 15 Stunden am Tag.

LINNER
PLATTER STRASSE 2
65193 WIESBADEN
TEL. 0611 18820, FAX 0611 1882200

MO-SA 6.30-22 UHR
SO UND FEIERTAGE GESCHLOSSEN
WWW.HOTEL-ORANIEN.DE

GRÜNE WOHLFÜHL-OASE MITTEN IN DER STADT

Lumen

WIESBADEN

EIN HELLES LICHT
IN DER CITY

SZENE & TREND | KÜCHE | PREISNIVEAU | AMBIENTE

Im Schatten weltlicher wie himmlischer Mächte liegt das „Lumen" zu Füßen von Rathaus und Marktkirche im Herzen Wiesbadens. Dabei ist das mit dem Schatten alles andere als ernst gemeint, denn „Lumen" heißt im Lateinischen „Licht". Und davon gibt's in dem vorwiegend aus Glas kreierten Gastro-Tempel jede Menge. Zumal man durch die offenen Türen den Eindruck gewinnt, als reiche die sich anschließende Sonnenterrasse bis zum Tresen. Dabei gehört der Open-Air-Bereich mit vorgelagertem, feinsandigem, trendigem Beach bereits ohnehin zu den größten gastronomischen Outdoor-Institutionen der Innenstadt. Denn das „Lumen" bietet auf seiner Terrasse mehr als 250 Personen Platz. Auf luftigen Bistro-Stühlen oder in gemütlichen Sesseln aus Korbgeflecht, unter kräftigen Ahornbäumen oder neben stimmungsvoll in Szene gesetzten Grünpflanzen. Genauso ansprechend wie das Ambiente mit erhabenem Blick über Marktplatz und Dern'sches Gelände geben sich auch die Köstlichkeiten aus Küche und Keller. Neben Standards wie Kalbsrahmgulasch mit gebratenen Pilzen, Rinderfilet an Morchelragout oder Steinbutt unter der Spinatkruste zaubert das Küchenteam von Viola und Jochen Kettner reichlich Kreatives auf Wochenkarten und Teller. Sehr schmackhaft, oft mit einem ausgezeichneten Tick Extravaganz, sommerlich leicht und frisch.

LUMEN
MARKTPLATZ
65183 WIESBADEN
TEL. 0611 300200

MO-DO 9-1 UHR, FR UND SA 9-2 UHR
SO 10-1 UHR

WWW.LUMEN-WIESBADEN.DE

GROSSE TERRASSE MIT BEACH UND
PARKHAUS IM UNTERGESCHOSS

Palast Hotel

WIESBADEN

DINIEREN
AM KOCHBRUNNEN

SZENE & TREND	KÜCHE	PREISNIVEAU	AMBIENTE

Ein legeres, modernes Restaurant, das in dem 1903 entstandenen, einst noblen „Palast Hotel" residiert. Der immer noch imposante Bau umspielt die Ecklage zum Kochbrunnen- und Kranzplatz mit geschwungenen Linien sowie schönen Jugendstil-Ornamenten und -Skulpturen. Letztere schmücken auch das Innenleben des kleinen, aber sehr feinen Genusstempels, der später, wenn es Abend wird, zur Bar mutiert und nicht nur namentlich, sondern vor allem kulinarisch den Glanz alter Zeiten aufrechterhält. Der große Terrassenbereich ist einladend südländisch mit stilvoll bepflanzten, pompösen Amphoren bestückt. Von den knapp 100 Sitzplätzen aus edlem Teakholz schweift der Blick auf den blubbernden Kochbrunnen und das ehemalige Hotel Rose, in dem heute der Hessische Ministerpräsident residiert. Auf der von den Jahreszeiten geschriebenen „Palast Hotel„-Karte mit internationalen Traditionsgerichten finden sich auch originelle Cross-over-Speisen, mal mediterran, mal asiatisch verfeinert. Darunter – je nach Saison – japanische Blattsalate in Sesam-Limonen-Dressing mit Flusskrebsschwänzen, Austernpilze im Parmesanmantel auf Rucolasalat oder selbstverständlich hausgemachte Ravioli, gefüllt mit sonnengetrockneten Tomaten, Ziegenkäse, Ricotta und Pinienkernen.

PALAST HOTEL
KRANZPLATZ 5-6
65183 WIESBADEN
TEL. 0611 9599947

SO-DO 11-1 UHR,
FR-SA 11-2 UHR

WWW.PALASTHOTEL-WIESBADEN.DE
AMBITIONIERTE KÜCHE, FEINSTE CROSS-OVER-KREATIONEN

Sherry & Port

WIESBADEN

ZEITUNG LESEN
BEI WEIN ODER BIER

REGIONAL & ORIGINAL | KÜCHE | PREISNIVEAU | AMBIENTE

Ob es sich beim „Sherry & Port„ um ein Bistro, ein Jazzlokal, eine Bierkneipe oder eine Tapas-Bar handelt, lässt sich schwer sagen. Auf jeden Fall ist die gastliche Mixtur eine echte Wiesbadener Institution, die seit über einem Vierteljahrhundert erfolgreich von Gerd Royko betrieben wird. Im

Sommer auch mit großem Biergarten und Springbrunnen unter den Schatten spendenden Kastanien der Adolfsallee. Die Gartenbestuhlung ist rustikal einfach. Dafür gibt's zum Ausgleich gemütliche bunte Sitzkissen, zwanglos ums plätschernde Wasser drapiert. In Roykos „Evening Star", als Zeitung und gleichzeitig als Speise- und Getränkekarte fungierend, machen natürlich die in großer Zahl aufgeführten Sherrys und Portweine dem Namen des Lokals Ehre. Die Küche bietet internationale Gerichte. Darüber hinaus gibt's jede Menge Tapas, kleine Köstlichkeiten iberischer Esskultur. Zum Beispiel marinierte Sardellenfilets, luftgetrockneter spanischer Schinken, Garnelen in Knoblauchöl und, und, und.

SHERRY & PORT
ADOLFSALLEE 11
65185 WIESBADEN
TEL. 0611 373632
FAX 0611 305331

TÄGLICH AB 12 UHR
WWW.SHERRY-UND-PORT.DE

SPANISCHE LEBENSART UNTER HEIMISCHEN KASTANIENBÄUMEN

Tipp: Hartmut Boger, Direktor der Volkshochschule Wiesbaden

Inhalt

Regional & ortsalphabetisch

Auf eine alphabetische Anordnung der Lokale wurde zugunsten der Regionen verzichtet. In diesem Buch finden Sie unsere Favoriten für die Kombination von Grün & Genuss

DARMSTADT & UMGEBUNG

FRANKFURT & SÜDLICHE UMGEBUNG

MAIN-TAUNUS-REGION

MAINZ & UMGEBUNG

RHEINGAU

Gießen und Gießener Land
MARION SCHWARZMANN
Genießen unter freiem Himmel
DIE 75 SCHÖNSTEN RESTAURANTS UND LOKALE FÜR DEN SOMMER
VERLAG
MAINZ und Umgebung
INGO SWOBODA
Mit zahlreichen Promi-Tipps!
VERLAG